"十二五"国家重点出版规划项目

装备综合保障工程理论与技术丛书

装备作战单元维修保障资源预测技术

于永利　张　波　著

国防工业出版社

·北京·

图书在版编目(CIP)数据

装备作战单元维修保障资源预测技术/于永利,张波著.
—北京:国防工业出版社,2015.11
(装备综合保障工程理论与技术丛书/于永利主编)
ISBN 978-7-118-10624-4

Ⅰ.①装... Ⅱ.①于...②张... Ⅲ.①武器装备—维
修—军需保障 Ⅳ.①E237

中国版本图书馆 CIP 数据核字(2015)第 280115 号

※

国防工业出版社 出版发行
(北京市海淀区紫竹院南路 23 号 邮政编码 100048)
三河市众誉天成印务有限公司印刷
新华书店经售

*

开本 710×1000 1/16 印张 8½ 字数 126 千字
2015 年 11 月第 1 版第 1 次印刷 印数 1—2000 册 定价 32.00 元

(本书如有印装错误,我社负责调换)

国防书店:(010)88540777 发行邮购:(010)88540776
发行传真:(010)88540755 发行业务:(010)88540717

序

21世纪以来,世界范围内科学技术革命的崛起,信息技术飞速发展并在军事领域广泛应用,有力地冲击着军事领域变革,战争形态逐渐由机械化战争向信息化战争演变,同时对装备保障能力产生的基本形态产生了深刻影响。认真落实习主席"能打仗、打胜仗"指示要求,着眼打赢未来基于信息系统体系作战,我军装备将逐渐形成以军事信息系统为支撑、以四代装备为骨干、以三代装备为主体的装备体系格局。信息化作战需要信息化保障,体系化对抗需要体系化保障。我军装备保障面临着从机械化保障向信息化保障、从单一装备保障向装备体系保障、从线性逐级保障向立体精确保障、从符合性考核向贴近实战考核转变等严峻挑战,未来信息化作战进程中的装备保障实践,对系统科学的装备保障基础理论与方法,提出了时不我待的紧迫要求。

伴随着军事技术和作战形态的发展要求,装备保障理论与技术不断创新发展。针对装备保障的系统研究,在国外始于20世纪40年代中后期,特别是20世纪90年代以来,随着"聚焦保障""基于性能的保障"等新的理念提出,以及相关工程实践的不断深化,装备保障工程在装备全寿命过程中的基础性、全局性的战略地位和作用得到了进一步强化。我国从20世纪70年代末开始引进、消化、吸收外军装备保障先进理念,运用系统科学思想研究装备保障问题,并在装备型号论证研制以及装备保障能力建设工作中不断应用,取得了大量的理论与实践研究成果,极大地推动了装备保障工程发展。经过40多年的研究与实践,装备保障工程在我军装备建设和军事斗争准备中的地位和作用不断升华,已经成为装备保障能力建设的基石,正在深刻地影响着装备保障能力和作战能力的形成与发展。装备保障工程既是型号装备建设的基础性工程,也是装备成系统成建制形成作战保障能力建设的通用性工程,还是作战进程中装备保障实施的重要技术支撑。

装备保障工程是应用系统科学研究解决装备保障问题的学科和技术,是研究装备全寿命过程中战备完好与任务持续能力形成与不断提高的工程技术。它运用系统科学与系统工程的理论和方法,从系统的整体性及其同外界环境的辩证关系出发,分析研究装备使用、装备保障特性与装备保障系统之间的相互作用机理,装备保障特性、保障系统的形成与演化规律,以及相关的理论与方法,并运用这些机理与规律、理论与方法,通过一系列相关的工程技术与指挥管理活动,实现装备的战备完好性与任务持续性以及保障费用与保障规模要求。装备保障工程技术包括装备保障特性工程、装备保障系统和装备保障特性与保障系统综合等技术。

为了积极适应未来信息化作战对装备保障提出的要求,我们组织人员对军械工程学院维修工程研究所十余年来在装备保障工程领域的科研成果进行了系统的总结,形成了装备保障工程系列丛书(共 22 本,其中有 16 本列入"十二五"国家重点出版规划项目),旨在为装备型号论证研制以及部队面向实战装备保障与运用提供理论和技术支撑。

整套丛书分为基础部分、面向型号论证研制关键技术部分和面向部队作战训练关键技术部分。

基础部分,主要从装备保障的哲学指导、装备保障作用机理以及装备保障模型体系等方面,构建完善的装备保障工程基础理论,打牢装备保障工程技术持续发展的基础,包括《装备保障论》《装备保障工程基础理论与方法》《装备保障工程技术型谱》《装备综合保障工程综合数据环境建模与控制》《装备保障系统基础理论与方法》《装备使用任务模型与建模方法》和《装备作战单元维修保障任务模型与建模方法》。

面向型号论证研制关键技术部分,主要从装备保障的视角出发,解决装备论证、研制过程中保障特性与保障系统规划、权衡和试验验证等问题,包括《装备保障体系论证技术》《型号装备保障系统规划技术》《型号装备保障特性与保障系统权衡技术》《型号装备保障特性试验验证技术》和《现役装备保障特性评估技术》。

面向部队作战训练关键技术部分,主要面向部队作战训练从维修保障需求确定、维修保障方案制定、维修保障方案评价和维修保障力量动态运用等方面构建完善的技术方法体系,为面向实战的装备保障提供方法手段,包括《装备作战单元维修保障要求确定技术》《装备作战单元维修保障力量编配技术》《装备作战单元维修保障资源预测技术》《装备作战单元维修保障建模与仿真》《装备作战单元维修保障能力评估方法》《装备作战单元维修保障力量运用》《装备作战单元保障方案综合评估方法》《基于保障特性的装备需求量预测方法》《多品种维修器材库存决策优化技术》和《面向任务的维修单元专业设置优化技术》。

着眼装备建设和军事斗争准备迫切需求,同时考虑到相关研究工作的成熟性,本丛书率先推出基础部分和面向部队作战训练关键技术部分的主要书目,今后随着研究工作和工程实践的不断深入,将陆续推出面向型号论证研制关键技术部分。

装备保障工程是一门刚刚兴起的新兴学科,其基础理论、技术方法以及工程实践的开展远没有达到十分成熟的阶段,这也给丛书的编著带来了很大的困难。由于编著人员水平有限,这套丛书不可避免会有很多不妥之处,还望读者不吝赐教。

丛书编委会

2015 年 11 月

前　言

　　信息化的高技术战争所需投入的武器装备种类多、数量大,装备使用强度远超以往;在装备技术含量增高、性能不断提升的同时,其结构也更加复杂,这些因素都使得武器装备在作战使用过程中出现故障和战损的数量急剧增大。为保持和快速恢复武器装备的性能,满足作战任务对武器装备的要求,需要投入大量的维修保障资源,以完成相应的维修保障任务。

　　维修保障资源是执行维修保障任务的物质基础,同时也是维修保障系统构成的基本要素。为使武器装备得到精确化的维修保障,维修保障系统需要在作战任务开始前制定相应的维修保障方案,分析预测装备作战单元所需的各种维修资源,并对各维修保障机构的维修保障资源进行预先配置及调整,确保维修保障系统内各级维修保障力量的能力与其承担的维修保障任务相匹配。可见,合理预测维修保障资源需求是装备作战单元保持和快速恢复战技性能的前提条件之一,是装备维修保障方案的重要工作内容,是维修保障系统结构优化调整的基础。

　　本书从装备作战单元维修保障资源预测问题论域的分析入手,界定维修保障资源预测问题的论域,分析维修保障资源需求的影响因素。在此基础上主要对备件、维修保障设备/工具和维修保障人员的需求预测方法进行研究。

　　由于作者水平有限,错误之处在所难免,读者如能给与批评指正,将是对我们最大的支持和鞭策。

作　者

2015 年 6 月

目 录

第1章 绪　论

1.1　目　的　意　义

信息化条件下的一体化联合作战强调体系与体系之间的对抗。单一的军种或兵种很难完成现代化的作战任务,各种作战力量必须密切配合,协调一致,形成结构良好的、性能优异的作战力量体系才能确保作战任务的顺利完成。然而,信息化的高技术战争所需投入的武器装备种类多、数量大,装备使用强度远远超过以往;在装备技术含量增高、性能不断提升的同时,其结构也更加复杂,这些因素都使得武器装备在作战使用过程中出现故障和战损的数量急剧增大。为了保持和快速恢复武器装备的性能,满足作战任务对武器装备的要求,必须建立起与作战力量相匹配,能够满足装备使用任务要求的装备维修保障系统,最大程度地发挥各种保障要素的优势,完成维修保障任务。

维修保障系统是武器装备维修保障的所需全部资源相互关联相互协调而形成的一个系统,是各种维修保障资源的有机组合。维修保障系统能否及时、准确、经济地满足装备的维修保障需求,直接关系到装备系统效能的发挥,以及平时训练和战时任务要求的满足,是提高装备平时战备完好和战时任务持续能力的重要基础,是装备能否快速地形成战斗力的关键,已经成为决定战争进程,影响战争胜负的重要因素。

维修保障资源是对武器装备进行维修保障的物质基础,是维修保障系统乃至整个体系构建的基石。各种武器装备的维修任务必须由相应的维修保障资源完成,缺少维修所需的资源,会造成故障装备的修复时间延长、可使用的武器装备数量减少,最终会导致作战任务的失败;但是,如果维修保障资源过多,必然导致维修保障资源的使用效率降低,造成不必要的浪费,还会使得维修保障力量的规模过于庞大,造成维修保障力量的机动性、灵活性下降,生存能力削弱。为了满足现代战争的精确化维修保障要求,维修保障系统必须在装备使用任务开始前制定与之相适应的维修保障方案,对装备作战单元所需的各种维修保障资源进行预测。在此基础上,对各维修保障机构的维修保障资源进行预先配置及调整,完善系统自身结构,确保各维修保障机构的能力与其承担的维修保障任务相匹配。由此可见,合理预测维修保障资源需求是装备维修保障方案的重要工作内容,是维修保障系统结构优化调整的基础,对于武器装备战备完好性和部队战斗力的提升具有重要的推动作用。

本书将从装备作战单元维修保障资源预测问题论域的分析入手,界定维修保障资源预测问题的论域,分析维修保障资源需求的影响因素。在此基础上,主要对备件、维修保障设备/工具和维修保障人员的需求预测方法进行研究介绍。

1.2 国内外研究现状

1.2.1 备件需求预测方法研究现状

1.2.1.1 国外研究现状

1. 备件品种确定方法

确定备件品种是装备研制阶段制定初始备件清单的重要工作内容,从文献调研来看,国外学者对备件品种确定进行研究的文章比较少,但仍有一些研究成果具有较高的理论参考价值。Huiskonen[1]研究了备件在物流系统中的作用,提出了四个控制特性:关键性、专用性、需求模式和价格。他在对备件控制特性分析的基础上给出了备件分类标准,此标准可以作为确定备件品种的基准。

Gajpal[2]等人认为,备件在企业生产中发挥着非常重要的作用,研究了备件的相关属性并用层次分析法确定了备件重要度,给出了备件重要度评价矩阵和评判法则。其在后续的研究中[3]认为,在确定备件最优库存方案时,应首先认真调研备件需求,通过各种技术,如 ABC(费用分析法)、FSN(趋势分析法)、VED(危害分析法)等,对备件进行分类;然后采用层次分析法评估备件的重要度,结合 VED 标准给出备件重要度权重值,将不同类型备件的重要度判定值作为确定备件品种的决策依据。

Carpentieri[4]等人在全寿命周期备件费用管理框架中认为影响备件库存管理的主要因素包括以下几个方面。

(1)维修策略。

(2)多余的设备数量。

(3)部件的可靠性信息。

(4)设备的重要程度。

(5)备件的储存管理费用及设备停工损失。

(6)备件的订购费用及存储备件占据空间的费用。

(7)备件的供应时间和可获得性。

虽然 Carpentieri 等人将上述因素作为制定备件库存管理策略的决策因素，但是也可以将这些因素用于确定备件品种。

2001 年,国际原子能机构针对轻水反应堆给出了备件清单确定流程报告[5],其中部分内容包含了备件品种确定的技术。报告中认为在确定某项产品是否应作为备件储备时,主要从以下几个方面进行评价。

(1)产品作为备件储备的费用是否能够被接受。

(2)缺少此项备件带来的经济损失是否可以被接受。

(3)系统进行预防性维修是否需要此项产品的备件。

(4)部件故障率高低。

(5)备件供货时间长短。

(6)产品维修难易程度等。

报告中还给出了备件品种确定流程,操作思路是将被分析部件按照组成结构从顶层到底层逐层展开,直到得到满意的子部件分解层次。如果某一类型部件整体作为备件储备时在经济上不具备可承受性,那么将分析部件组成结构中下一层次的零部件作为研究对象,判断子部件是否需要作为备件储备。

Orsburn[6]在《备件管理》一书中认为,影响备件需求品种的因素主要包括以下几个方面。

(1)部件的平均更换率及其修理周期。

(2)部件的故障率。

(3)可修件的可修复性以及送修周期。

（4）部件的重要性。

（5）可利用的关键材料。

（6）从市场或其他兵种获取部件备件的可能性。

James[7]在"Integrated Logistics Support Handbook"一书中认为，准确确定备件品种是确保装备达到预期使用可用度要求的重要因素。作者认为备件品种确定应在装备研制阶段进行并有以下两种方法：①供应分析。供应规划编制人员把装备中的所有产品列出来，根据产品故障率及工程经验或过去的经验给出备件清单。②维修任务分析。这种方法应用维修任务分析确定维修活动中需要的零部件，能够确定出仅和维修活动相关的备件，消除不必要的支出。

William[8]等人研究用系统动力学方法确定初始备件清单。作者认为在确定初始备件清单时应考虑的因素很多且关系复杂，非常适合使用系统动力学方法；建立了初始备件清单制定决策流程，并在计算机上通过 DYNAMO 仿真语言实现了这一流程。

2. 备件数量确定方法

从 20 世纪 50 年代开始，美国兰德公司开始研究武器备件的需求预测问题。在备件需求预测的早期研究中，最具代表性的是 Feeney 和 Sherbrooke 的成果。他们不仅发展了备品备件需求预测理论，还与库存控制问题结合起来，提出了可维修备品备件的多级库存控制技术（METRIC），并于 1975 年开始在美国空军中应用。该方法随后又衍生了很多扩展模型，如 MOD – METRICVARI – METRIC、Vari – METRIC 和 DYNA – METRIC 等。

由于 Feeney 和 Sherbrooke 的研究取得了巨大的成功，在随后的十多年时间中，关于备品备件需求预测没有出现具有较大影响的研究成果。直到 20 世纪 80 年代，需求预测才重新引起研究人员的注意，且由平时需求模型转向战时的备件物流保障。这类研究的最早成果是 Muckstadt 于 1980 年利用非稳定泊松分布描述需求过程。1994 年，Adams 研究了美国空军可维修备件需求及其仓库级维修预测。当时美军使用最近 8 个季度移动平均值预测备件需求，将最近一个季度和最远一个季度赋予相同的权值。Adams 应用加权回归法预测飞机的可维修备件需求，取得了优于 8 个季度移动平滑法的效果。Dussault 通过三种方式比较了海军统计需求预测（ Statistical Demand Forecasting,SDF）系统与空军需求数据库（ Requirements Data Bank,RDB）预测系统的精度：首先，利用不同模式的数据比较了两种预测系统,结果表明,SDF 具有更高的预测精度;其次,利用实际的空军数据评估了两种方法,结果显示二者的预测精度没有明显差异;最后,比较两种预测系统对飞机可用度的影响,结果发现,对于趋势数据,二者对飞机可用度的影响有明显的差距,但对于实际的空军数据,上述差异并不明显。1998 年,Melendez 比较了指数平滑法、二阶指数平滑法、移动平均法、自回归法和线性回归法的性能,其中指数平滑法和移动平均法预测精度较高。2001 年,Unlu 提出了"聚焦预测"的方法,该方法应用多种预测模型(如移动平均、加权移动平均、一阶指数平滑、线性回归、自回归等)分别对历史数据进行预测,并从中选择预测均方误差最小的方法预测未来的需求。

在初始供应阶段,美国陆军主要根据维修率计算备件的需求数量[9],维修率则可通过供应技术文件、可靠性预计手册、核对表法等方法获取;美国海军将维修率称为更换率[10],通过计算各部队的更换率获取备件的需求数量;美国空军则主要运用 METRIC 模型及其衍生模型计算备件的需求数量。

在备件正常供应阶段,由于已经积累了大量的使用数据,且装备达到可靠性成熟期,美军主要采取 8 个季度加权滑动平均、4 个季度滑动平均、一阶指数平滑、线性回归等方法确定备件的需求数量。

1.2.1.2　国内研究现状

1. 备件品种确定方法

单志伟[11]等人分析了备品备件需求确定的重要性,探讨了结合现有国家军用标准进行备品备件需求确定的程序与方法。因为装备故障维修、预防维修、战损修复都会产生对备件品种提出要求,作者认为对于平时训练而言需要区分装备故障维修和预防性对备件品种的需求。针对预防性维修,按照 RCMA(以可靠性为中心的维修分析)确定备件品种时,只需考虑重要功能产品即可;对于修复性维修,目前有两种方法可用于辅助确定故障维修备品备件品种:一种方法是综合模糊评判法;另一种方法是专家打分法。

石春和[12]、高雪莉[13]等人对装备各单元的可靠性和重要度进行了分析,并将其作为选取备件品种的依据。赵建民[14]在系统总结实践经验和理论成果的基础上,提出以相似性方法为主、辅以专家推理、工程分析法的备件品种综合决策方法。孙立军[15]等人研究运用价值工程确定备件品种的方法,选取关键性、耗损性和更换难度作为备件品种确定的分析影响因素,采用模糊综合评判法确定备件功能系数并运用成本分析法得到备件的成本系数,进而综合得到备件的价值系数。黄建新[16]等人针对备件品种不完备信息采用多属性决策方法给出了基于不完备信息系统的粗糙集模型,并依据扩展优势关系确定粗糙集的上下近似集,获取分类决策规则并进而确定备件品种。马力[17]等人采用模糊层次分析法确定部件的综合权重,给出了备件供应指标要求层次结构,并选取战时供应、飞机的使用要求、关键性、单机件数、修理周期作为评价因素集,选取适合大量配置备件、适合较多配置备件、适合中等配置备件、适合少量配置备件、不适合配置备件作为评价语集。丛浩达[18]运用价值工程确定备件品种,将影响备件品种确定因素分为备件的消耗性、备件的关键性、备件的获得难度、备件的可更换性和备件的设置成本。葛涛[19]等人利用模糊综合评判法对备件品种确定的量化分析方法进行了探讨,并对影响备件品种的三个主要因素:关键性、耗损性、经济性进行综合分析,根据综合评判结果决定产品是否设置为备件。催南方[20]等人针对 ABC 分类法在备件管理中不足以区分重点备件和非重点备件问题,将层次分析法(AHP)与 ABC 分类法相结合对备件进行分类,文中取备件的易得性、关键性和经济性作为分类准则,从而找出需要重点关注的备件。

2. 备件数量确定方法

国内备品备件需求预测逐渐成为近年来的研究热点之一。研究人员开发了大量需求预测方法,如非齐次泊松方程、灰色理论、贝叶斯理论、季节指数法等。装备是由众多备品备件组成的,实际的备品备件保障工作通常是在一定的费用约束下,利用预测的结果,确定各备品备件的数量,以使整个装备的可用度最高。

单志伟[11]等人认为对于预防性维修所需的备品备件,只要对照装备预防性维修大纲分析结果和使用维修工作分析的结论即可确定数量;对于修复性维修所需备品备件,如果掌握了产品故障的分布规律,可参见国军标《备件供应规划要求》中提到的方法进行,而目前比较常用的方法是利用泊松流原理进行备件数量的确定。

石春和[12]等人针对不修复产品和可修复产品备件需求量预测分别进行了研究。其针对不修复产品使用的是备件保障概率模型,而针对可修复产品采用的计算公式如下:

$$
\begin{cases}
n_1 = \dfrac{\lg[\lambda_i T(k-1)^2] + 1}{\lg k} - 2 & k > 1.5 \\[3mm]
n_2 = \dfrac{\lg[\lambda_i T(k-1)^2 + (n_1 + 2)(k-1) + 1]}{\lg k} - 2 & (1-1\cdot) \\[3mm]
T = \dfrac{t}{\ln(R_N(k))} & k = \dfrac{\mu}{\lambda_i}
\end{cases}
$$

式中：λ_i 为第 i 个单元失效率；t 为连续工作时间；$R_N(k)$ 为要求的数量保障度即单元冷贮备冗余可靠度；μ 为一个人对损坏备件的修复率。

当 n_1 和 n_2 的计算值相差不大时，此时 n_1 和 n_2 中大者即为备件数，若 n_1 和 n_2 相差较大时，再将 n_2 值带入 n_2 计算表达式，直到带进值和计算值相差不大时停止计算。

赵建民[14] 在系统总结实践经验和理论成果的基础上，提出以相似性方法为主，辅以专家推理、工程分析法的备件数量综合决策方法，认为上述三种方法所需数据源和决策准确性有所不同，因此具体选用何种方法需要根据实际情况具体分析得出。

李金国[21] 等人研究备件数量确定问题，按照备件的不同类型，如指数寿命件、正态寿命件、威布尔寿命件等几种典型寿命分布分别给出了备件数量计算模型。

易发[22] 研究了两级维修系统最优备件库存量的确定问题，将故障部件分为处于基地维修中、后方维修中心和往返于后方维修中心与基地之间三部分，给出了处于各部分备件数量的概率分布，通过卷积定理建立了备件库存优化模型。此模型的建模思路从原理上与 METRIC 等模型类似；一个模型是应用故障部件的概率分布；另一个模型是应用故障部件分布函数的期望和方差。

赵宇[23] 等人运用概率统计知识对航空电子设备初始备件与后续备件的需求量确定方法进行了探讨。其根据实际情况将备件分为有寿命要求的可修复件、无寿命要求的可修复件、有寿命要求的不修复件、无寿命要求的不修复件和消耗件几类，并相应建立了备件需求量预测模型。

刘照青[24] 等人从研究航材备件需求出发，以使用可用度作为评价管理保障质量的指标，结合经费约束，提出了基于使用可用度的可修件备件管理预测模型。此模型的建模思想及求解思路和 METRIC 模型类似，但此模型只能针对单一库存点备件需求量进行预测,不适用于多级备件库存优化。

李武胜[25]对备件需求技术进行了综述,首先回顾了备件分类技术;然后按照备件需求特点分别给出了连续需求下的备件数量预测和间断需求下的备件数量预测技术。所给的备件需求量预测方法或模型脱离维修保障组织、产品组成结构、维修策略等影响因素,因此比较适用于有较多历史消耗数据的单库存点备件需求量预测。

曲立[26]等人对备件库存管理研究成果进行了综述,作者按照备件分类、备件需求预测、成本与有效度的备件库存优化模型与策略、系统约束的备件库存优化模型与策略、基于寿命的预防性备件更换策略与模型、多级备件库存系统的库存模型与策略、备件一般库存控制方法、备件缺货与报废问题、计算机辅助备件库存控制与管理、备件库存控制与物流、供应链管理等方面针对针对备件库存管理技术及发展趋势进行了调研和分析,这些研究成果可以为装备研制阶段备件数量预测技术方法的选择提供很好的启示。

周林[27]等人根据地空导弹系统的组成结构和工作特点建立了以战备可靠度要求为目标的备件优化模型,应用遗传算法求解此优化模型。在工程实践中,装备设计结构复杂且结构中部件众多,而遗传算法的运行效率较低,因此在有其他候选算法时很难具有竞争优势。

原中石[28]以飞机的运营数据和备件可靠性数据为基础,运用统计分析原理提出了定量计算与定性分析相结合的备件需求量预测方法。其所给预测模型适用于新研装备中的老产品备件需求量预测,但是对于众多新研产品则无法使用此方法。

尚柏林[29]等人应用可拓学的基本原理与方法,分析了航空备件的数值特征,建立航空备件的物元模型。其应用可拓原理对传统的聚类分析方法做了拓展,并据此对航空备件集合进行了划分,为航空备件的分类管理提供了一种新方法。

吴坤山[30]等人研究可蜕化产品随机需求条件下的备件再定购点确定问题,不但给出了上述问题的求解过程,而且针对两种可能发生的备件短缺情况给出了相应的备件库存方案。在装备研制阶段进行备件需求量预测时不会考虑产品的退化性,但给出预测方法对于装备研制阶段备件需求量预测还是有用的。

1.2.2　装备维修保障设备/工具需求预测方法研究动态

1.2.2.1　国外研究动态

美国海军电子司令部于 1971 年 3 月主编完成了 MIL – STD – 1369（EC）《综合后勤保障大纲要求》，提出了后勤保障分析（LSA），并将其定义为"确定新系统和设备所必需的后勤保障的过程。它包括确定和建立后勤保障设计约束、在系统硬件部分设计时对这些约束的考虑以及为验证后勤保障设计可行性和确定与形成后勤保障资源文件而进行的设计分析。"在此期间，还发布了一系列的军用标准、规范，例如，DoDI4100.35《系统和设备综合后勤保障的研制》、MIL – STD – 1388 – 1A《综合保障分析》、MIL – IIDBK – 502《采办后勤》、MIL – PRF – 49506《后勤管理信息》等，都强调了在装备论证研制阶段同步开展维修保障设备设计的重要性，可见美军十分重视维修设备的研制与部署工作。

20 世纪 80 年代，Blanchard 在《后勤工程与管理》[31] 一书中指出维修保障设备需求要在装备概念设计阶段就进行分析，认为维修保障设备的最初需求是通过维修任务分析得到，随后是通过保障性分析得到。在确定维修保障设备种类时，美军主要采取使用/维修分析、以可靠性为中心的维修分析和修理等级分析等方法确定维修保障设备的需求，通过与现有维修保障设备的比对，逐步确定需要新研的维修保障设备种类。该方法在我军维修保障设备确定时也在使用，后面将对该方法进行详细的介绍。

在测试设备方面，美军在 20 世纪 80 年代开始研制针对多种武器平台和系统的通用测试设备，目前已形成各军中内部通用的系列化测试设备，包括海军的综合自动支持系统（CASS）、陆军的集成测试设备系列（IFTE）、空军的电子战综合测试系统（JSECST）、海军陆战队的第三梯队测试系统（TETS）。其中，CASS 于 1986 年开始设计，1990 年投入生产，主要用于中间级武器系统维护，能够覆盖各种武器系统一般测试项目，现已生产装备了 15 套全配置开发型系统、185 套生产型系统，其中 145 套已装备在 38 个军工厂、基地和航空母舰上；TETS 是由 MANTEC 公司研制，用于海军陆战队现场武器系统维护的便携式通用自动测试系统，该系统于 1998 年投入使用，具有良好的机动能力，能够对模拟、数字和射频电路进行诊断测试。

在飞机地面保障设备方面,美国空军于2000年专门召开了一次"航空地面保障设备研讨会"对当时飞机地面设备发展滞后、难以适应新的作战要求等问题进行了全面的回顾和探讨。随后,美国空军总部成立了一个"空军保障设备工作组",专门负责保障设备的发展政策、发展战略和规划问题,其成员来自空军负责保障设备的各个部门。另外,美国空军还在罗宾斯空军后勤中心设立"保障设备与车辆管理处",作为保障设备的综合管理机构,负责对所有保障设备从采购到使用和维修保障进行集中、统一管理。

对于具体如何确定维修保障设备数量需求方面,与备件和人员相比,其研究内容较少,多数文献都集中在强调维修保障设备的重要性,建议及早开展维修保障设备规划研究等,而对具体应采取何种方法、何种程序确定维修保障设备需求的文献不多。

(1) Blanchard 在《后勤工程与管理》[32]一书中,指出测试和维修保障设备需求要在装备概念设计阶段就进行分析,认为最初需求是通过维修任务分析得到,随后是通过保障性分析得到。这点对于装备研制阶段开展保障设备需求分析及需求量预测有很好的启示作用,目前这一理念已应用于美军装备综合后勤保障过程中。

(2) Alfredsson[33]和Diaz[34]等人均将保障设备的需求确定问题与备件库存优化问题结合到一起考虑,利用排队理论建立了故障产品的维修等待模型,将故障产品的维修和维修设备数量需求关联起来,分别给出了以费用为约束和以故障产品等待时间为约束的备件和保障设备数量确定模型。

(3) Dyer[35]等人证明了在M/M/c(顾客到达间隔时间服从指数分布,维修服务时间服从指数分布,(是服务台个数)服务系统中顾客等待时间是服务台数目的单调递减凸函数,他们认为应用贪婪算法(边际分析法)优化保障设备数量是可行的。

(4) Rolfe[36]研究如何将多个服务台分配到若干服务系统中的最优配置问题,建立了以所有服务系统中顾客平均等待时间为优化目标的优化模型,其中采用贪婪算法(边际分析法)对模型进行了求解。

(5) Rothkopf[37]等人研究非稳态M/M/c排队系统中顾客等待时间的计算模型,给出了顾客等待时间的近似计算公式,此公式适用于对不同种类故障产品共用同种类保障设备情况的分析。

1.2.2.2　国内研究现状

我国在 20 世纪 80 年代引入美军的"综合后勤保障"概念,根据我军实际情况将其命名为"综合保障"。在结合实际进行了大量的研究与实践的基础上,制定并颁布了与维修保障设备需求确定相关的一系列国军标:GJB 3872—1999《装备维修保障通用要求》、GJB 5967—2007《保障设备规划与研制要求》、GJB 3972—2000《对空导弹综合测试设备通用规范》、GJB 4045—2000《对面战术导弹综合测试设备通用规范》、GJB 1132—1991《飞机地面保障设备通用规范》、GJB 1563.4—1992《海军导弹武器系统维修性通用要求—导弹保障设备》、GJB 3100—1997《空空导弹地面监测设备通用规范》等。

以往我军在维修保障设备/工具需求确定时,一般是根据相关装备使用经验或设计人员经验来确定,缺少对装备综合保障工作的考虑,使得武器装备与维修保障设备的配套率较低,相关费用投入较大。在众多国军标颁布以后,维修保障保障设备需求确定工作进一步规范化,其主要思路是以相关装备的设备需求为基础,结合故障模式影响及危害分析、以可靠性为中心的维修分析、战场损伤分析等结果,以人为主观的判断为主,确定武器装备的维修保障设备需求,具体思路如图 1-1 所示[38]。

在维修保障设备种类确定方面,近几年各军兵种、院校、研究机构在总部机关的大力支持下,十分注重借鉴外军和民用技术。在零部件修复、在线检测、故障诊断、嵌入式故障诊断(BIT)、油液分析仪器设备,以及便携式维修辅助设备等的研制开发方面取得了一定的成果。例如,某军事单位于研制的通用装备综合检测平台,该平台可以检测、测试 90 多个型号,能够对军械、装甲、车辆、工程、防化等多专业的相关部位进行检测。但由于有关维修保障设备的研究较晚,针对型号装备的需要研制主要还是"部队需要什么,就研究什么",没有从整个装备作战单元系统出发,对综合保障工作考虑不够,尤其是对现役装备的维修保障设备的优化研究相对薄弱。

在维修保障设备/工具数量需求确定方面,我军常用的方法共有三种,分别是类比法、比例配套法和排队论法。

1. 类比法

类比法也称为经验法,其基本思路是首先选择装备作战单元的相似装备,

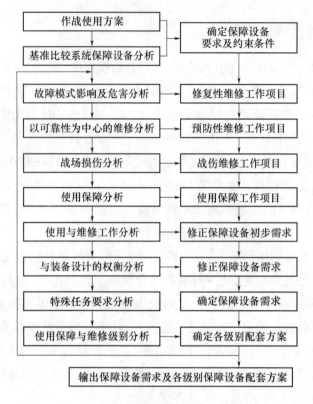

图1-1 维修保障设备需求确定思路

根据相似装备的历史任务情况分析确定新任务的维修保障设备/工具需求数量。这种方法简单,目前用得比较普遍。根据部队的编制、维修级别、维修专业划分来确定配套数量,由于装备类型不同配备的原则是不一样的。维修保障设备/工具配备原则如下。

(1) 凡装备系统常用的,使用前、使用中、使用后所需的维修保障设备/工具保障装备按1:1比例配套数量,即维修保障设备/工具配备到每套装备系统;装备系统不常用的应配到基层级或中继级。1:1配套的维修保障设备/工具数量的确定,应首先考虑每次使用或维修所需的数目,需要几个就应配备几个。

(2) 装备系统不常用而中队一级常用的维修保障设备/工具按 $1:N_1$ 配套,即维修保障设备/工具配备到中队一级使用;中队一级不常用的配备到大队一级使用。 $1:N_1$ 配套的维修保障设备/工具数量一般不大于 N_1 ,不频繁使用的维修保障设备/工具应考虑每次使用或维修所需的数目,需要几个就配备几个,频繁使用的维修保障设备/工具应多配备。

(3) 基层级和中继级预防性维修所需的维修保障设备/工具数量,可根据专业划分、相似装备配备的数量、年预防性维修任务数,进行相似比例配备。

2. 比例配套法

此方法是利用维修保障设备/工具平均工作时间匹配其数量。其原理是为了使装备具有要求的战备完好水平,必须在一定的时间内完成其维修工作,因此如果一台维修保障设备/工具的平均维修时间已知,且不能满足要求,必须增加维修保障设备/工具以减少装备的停机时间,直至维修保障设备/工具数量增加到装备停机时间满足要求为止。

3. 排队论法

维修保障设备/工具的使用(维修/保养/出动前准备……)过程可以看成一个随机服务系统(排队系统),保障装备为服务方,维修项目为顾客。根据作战任务需求,装备的停机时间有一定的限制,因此考虑停机时间不超过某一规定的时间限额,可以用排队论来确定保障装备的数量[39]。

1.2.3 维修保障人员需求预测方法研究动态

各国军方都非常重视武器系统的维修保障人力人员需求问题,美军较早涉足这一领域,研究内容涵盖了维修保障人力人员的管理机制和策略、需求预测、职业分析、人员的训练和心理问题等诸多方面。在不断地探索和实践工作中,美军发现人力人员及其训练问题需要作为一个整体进行管理和研究,否则将会导致很多重复性工作,技术方法也很难达到预期的应用效果。为此各军种都建立了相应机构全面负责相关问题的规划,制定了许多针对性的约束文档、技术手册、国军标和规章、条例,设立了大量相关研究机构,使相应研究工作逐渐标准化、体系化,大大推动了该领域的研究进程,形成了许多需求一体化分析模型和工具。

我军在该领域的研究主要是 20 世纪 80 年代末引进了综合保障工程后展开的。部队、军队企业化工厂、院校和研究所的技术人员开展了多项专题研究,在新研装备和战时的装备保障人力需求预测方面形成了多种有价值的方法。20 世纪 90 年代中后期有些学者开始关注人力人员需求问题的综合性研究,系统地剖析了美军的硬件与人力比较分析方法,对方法进行了转化,用于解决我军在装备研制、试验阶段的人力人员需求确定问题,开发了相应的软件系统,为装备研制部门、试验决策和管理人员提供了需求分析辅助工具。总体上看,研究工作正在沿着装备寿命周期从研制、试验开始向使用阶段有层次、有步骤地迈进。

下面从外军、我军和企业三个方面对相关技术进行介绍。

1.2.3.1 外军技术方法研究概况

美军关于人力人员需求确定的方法和模型种类很多,如各种规划模型[40;41],基于贝叶斯网络技术的方法[42]、马尔可夫模型[43]、基于 Agent 的方法[44]、比较分析方法以及各种时间序列分析模型[45]、神经网络模型和仿真模型[46]等。相关方法主要分为两大系列:比较分析方法和仿真方法。图 1-2 选取了这两个系列中几个有代表性的方法,对它们之间的关系及其所处的管理状态和当时大致的技术环境进行了总结。主要技术方法按比较分析和仿真两条线索展开,按照产生时间先后依次排列。HARDMAN Ⅱ 和 HCM 方法均由HARDMAN Ⅰ 发展而来,并且 HARDMAN Ⅲ 及其基础上形成的 IMPRINT 均属于比较分析和仿真相融合的方法。技术环境主要反映了从手工分析到计算机的普及,乃至网络技术的发展过程,它们与相应技术方法的发展密切相关,并为其研究提供了信息技术的支持。

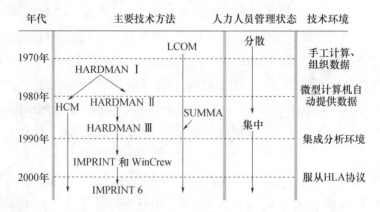

图 1-2 国外维修保障人力人员需求预测技术方法的比较

（1）HARDMAN（Hardware vs. Manpower）系列方法，用于武器系统采办过程中分析士兵资源并辅助决策。目前其由 HARDMAN Ⅰ、HARDMAN Ⅱ发展到 HARDMAN Ⅲ。HARDMAN Ⅰ和 HARDMAN Ⅱ是新研装备维修保障人力人员分析使用最广泛的技术，为传统的装备维修保障人力人员分析提供了方法体系。如果新研装备的维修保障人力人员需求没有大的、实质性的变化，那么 HARDMAN Ⅰ和 HARDMAN Ⅱ是非常好的通用性方法，反之则不然。而且，该方法对大型复杂装备的维修人力预测结果并不理想。与 HARDMAN Ⅰ和 HARDMAN Ⅱ相比，HARDMAN Ⅲ的变动比较大，在比较分析的基础上结合了仿真方法，将新研装备与相似系统的仿真结果进行反复地对比分析，以确定新系统的需求。

（2）硬件与人力比较分析方法（Hardware vs. Manpower Comparability Methodology，HCM）。20 世纪 80 年代初期，美国陆军行为与社会科学研究所（ARI）在海军 HARDMAN 方法的基础上，形成了陆军的一套解决人力人员需求问题的方法体系，即 HCM。1983 年，NASA 喷气推进实验室（JPL）受命评估陆军 HCM 方法。通过四个实验性的应用得出结论：HCM 适用性、分析性强，用户易接受，并且其中两个实验结果表明 HCM 分析精度可达 80% ~ 90%。1990 年，ARI 再次对 HCM 进行改进，建立了系统的管理体系。经过多年实际应用和改进，该方法逐步得到完善，成为一种较成熟的解决人力人员需求问题的模型。目前该方法已成功应用于火炮、装甲、防空、指挥与控制和情报系统等一系列武器系统，效果良好。

（3）综合后勤模型（Logistics Composite Model，LCOM）。这是较早的可用于维修保障人力需求研究的一种仿真方法，被称为空军最有价值的维修人力分析工具。该方法利用空军维修数据采集系统进行动态仿真确定飞行器在平时、紧急状态和战时所需的后勤资源（包括人力、备件、保障设备、设施等）。其预测结果准确、及时，但对数据的质量和数量要求较高。

（4）小型装备作战单元维修人力分析（Small Unit Maintenance Manpower Analyses，SUMMA）。SUMMA 采取工作合并（Job Combine）或工作扩大化（Job Enlargement）的方式重新定义维修工作，保证小型装备作战单元在战斗行动中具备充足的维修人力。该模型包含一个作业分配优化子模型和一个维修保障人力人员需求与费用分析子模型。它一般作为 LCOM 的一种维修作业信息源和工作更新后的性能验证方法出现。该模型应用范围有限,处于扩展研究过程中。

(5)工作组视窗(WinCrew)。WinCrew是一种针对在研系统解决人力与工作量是否匹配的理想工具。可帮助系统分析人员预计并评估功能分配、人员数量、作业设计和信息表达模式,可分析工作量等变化引起的系统性能的改变,还可用于评价人力资源选择方案,计算系统的作战能力,分析作战背景下的基本任务和工作量等。方法较简单,但使用时要求限定在里程碑Ⅱ之前。

(6)性能改进研究集成工具(Improved Performance Research Integration Tool,IMPRINT),一个在HARDMAN Ⅲ基础上发展起来的随机网络建模工具,目前已应用于多种武器系统。主要用于确定人力对武器系统设计产生的约束,分析紧张环境条件下使用和维护人员的能力,还能够为寿命周期内人力费用的评估提供支持,辅助评估全寿命周期内士兵和武器系统的综合性能。通过对装备作战单元各个装备逐一进行需求预测,该模型还可用于装备作战单元的人力需求预计。

比较分析方法和仿真方法远不止上面的6种,如早期的比较分析(Early Comparability Analysis,ECA)方法、专业结构化系统(Specialty Sructuring Sysgtem,S3)、空军基地资源的战场仿真(TSAR)模型等都各有特色,从不同角度发挥了自己的作用。

在比较分析方法中HARDMAN系列、HCM、WinCrew均是针对新研装备确定维修保障人力人员需求的方法,只有IMPRINT既可用于装备研制阶段又可用于任务的维修保障人力人员需求确定。但该方法在面向任务的人力需求评估时,采用对各个装备逐一分析、累计的方式,在装备作战单元武器系统的整体性分析上不足。目前,美军大多采用仿真方法解决任务的维修保障人力人员需求确定。但是仿真方法在应用中必须对各个装备的各种损坏机理有较为深入的了解,技术难度高、工作繁重、所需数据量大,尤其对于多军种参与的大型联合战役,所涉及的装备种类和数量巨大,要建立每种装备在不同任务中的损坏模型非常困难。在我军当前技术和信息条件下,采用仿真的方法面向任务进行人力需求的预测,难度很大。

1.2.3.2　我军技术方法研究概况

目前,我军采用的人力需求预测方法主要有下面几种。

1. 基于使用与维修工作分析的人力需求预测方法[47]

这是一种具有通用性的确定装备的人力需求的方法。以任务分析、FMECA(故障模式、影响及危害性分析)和 RCMA(以可靠性为中心的维修分析)等分析技术为基础,预测每项工作所需的年度工时数,根据全年可用于维修的工作时间求得所需人员总数。随着复杂武器装备在部队服役时间的增加,可有大量数据进行详细的维修工作分析,在此基础上能得到更为具体的人力估计值。但是,由于要对每项工作任务进行分析,同时又要与保障性分析中多项工作进行协调,所需数据量较大,方法较为复杂、过程烦琐。

2. 利用率法

利用率法[48]的核心是根据维修人员每人每天的利用率计算人员的数量。其基本思想是:根据使用与维修工作分析的结果得到某修理级别上某类修理工应该完成的任务及时间,综合考虑维修工作的频度(维修次数)、装备总数、年工作时间等确定全年总的维修工时,计算各修理级别、各专业维修人员的数量。

3. 相似装备法

利用装备之间在硬件结构上的相似性,由已知装备的使用与维修人力配置情况,推算出新装备的人力需求。该方法可操作性强,但易受参与专家的主观影响。

4. 工时估算法

根据经验数据确定各类装备战时的损坏率,轻、中、重损和报废比例,以及装备在某种程度损坏下的标准工时,估算各类装备的战时修理总工时数和战时的实有工作时间,得出粗略的人力需求。

5. 维修单元法

该方法通过确定战时装备最小维修单元人数和工时标准建模,计算战时保障人力的需求。方法具有较强的应用价值,但其中的主要参数,如装备的战时损坏率、维修单元战时修理工时标准和维修单元战时标准人数,如何确定这些参数是方法得以实施的关键。

由上述分析可以看出,上述方法均以装备在使用过程中的损坏率和标准修理工时为输入进行人力需求预测,这两项参数的主要确定方法如表1-1所列。

表1-1 任务的装备损坏率和标准修理工时确定方法分析表

参数	主要确定方法	特点
损坏率	仿真方法	一种前景非常好的方法,但所需数据量大,必须建立各个装备的结构模型、战场环境模型、各种损伤模型,技术难度高、工作量大
	战例统计分析法	对过去作战统计数据进行分析、适当修正,然后确定不同战斗类型装备损坏率
	模拟对抗系统分析法	利用兰切斯特方程计算炮战中对我压制武器造成的损坏数,进而求出损坏率
标准工时	损伤模式影响分析(DMEA)	必须明确所分析系统或部件的任务阶段及其工作方式、损坏模式、损坏机理、损坏影响、严酷度等信息。并且工时的确定最终需借助相关专家的工程实际经验。分析工作繁重,数据需求量大,好处是分析内容细致、全面
	实验法	模拟真实战场环境,对损伤装备实施修理,并统计修理工时。特点是数据真实可靠,但每种装备都要进行大量实验才能得到较为全面的数据,时间、经费、人力、物力消耗巨大,而且实验环境与战场真实环境间仍有一定差距
	现有的部分装备拆装和修理标准工时	需要判断该标准制定的时间和方法,标准制定后装备是否发生了变化,因此直接利用标准数据虽然很简便,但要考虑标准的有效性
	相似任务	相似任务的实际数据一般比较真实可靠,但获得难度大,尤其我军长时间处于和平状态,很难找到相似度高的作战任务
	平时的拆装和修理工时向战时的转换	所需要基础数据较多,要靠经验估计排除不确定因素的影响,因此数据可信度受到一定影响,但方法与实际较符合,而且容易操作

这些方法或多或少都在试图利用已有的修理数据或工程人员的实际经验解决问题,因此根据任务、装备之间的相似性和专家经验,充分利用已有的各种数据解决新问题,不仅可以降低研究成本,而且具有较高的可行性。

1.2.3.3 地方企业相关技术方法研究概况

企业关于人力需求的预测,常见的定性方法有分合性预测法、德尔菲法等[49,50],定量方法主要有时间序列方法、多元线性回归预测法[51]等,企业人力需求定量预测方法[52]如图1-3所示。

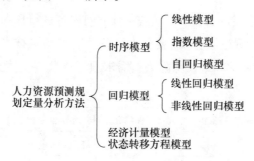

图1-3 企业人力需求定量预测方法

图1-3中,时间序列模型和回归模型的通用性很强。时间序列法是对同一事物,利用其发展过程中的历史数据预测其未来某个时刻的状况的一类方法。文献[53]运用加权平均预测组合模型对人力资源进行了预测。文献[54,55]首先利用灰色系统建立模型,把无明显规律的时间序列,经过处理变成有规律的时间序列,得到一组具有很强灰色信息随机性的时间序列,将原时间序列的随机性加以弱化;然后建立一阶单变量微分方程对生成序列进行拟合,从而得到灰色动态模型,并分别对人力资源进行了预测。用这种方法不需要很多的历史数据,而且预测的精度也比较高。

人力资源的需求水平通常总是和某些因素有关系,当这种关系是一种高度确定的相关关系时,就能够建立一个回归方程。文献[56]运用二元线性回归方法对卫生人力资源进行了预测,该方法简单、逻辑严谨,预测精度也较高。但是,由于缺乏自学习能力,对有突发事件扰动后系统的预测精度较差。从理论上看,回归模型可以用于面向任务的人力需求预测,但是这种方法必须以大量真实的任务数据为基础,在确定和人力资源高度相关的变量时较为困难。并且利用直线回归方法进行任务的人力需求预测,只能内插,即新任务特征的数据必须在原来研究的任务数据范围内。若要扩大预测范围,就要有充足的理论依据或进一步的实验依据。

文献[57]提出了基于神经网络与非线性动力学理论的人力预测方法,但是受数据量条件的限制,也很难用于解决面向任务的人力需求预测问题。

1.3　本书主要内容及结构

为实现本书论述的目标,书中主要对下列内容进行探讨:装备作战单元维修保障资源需求预测论域分析、装备维修备件需求预测技术、装备维修保障设备/工具需求预测技术和维修保障人员需求预测技术,它们之间的关系如图1-4所示。

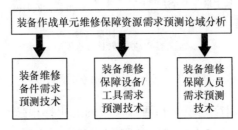

图1-4　本书主要内容及其关系

1. 装备作战单元维修保障资源需求预测论域分析

从武器装备的维修过程入手,分析装备维修保障所需的各种维修保障资源,研究维修保障过程中的各种维修保障资源的基本概念、使用特点等。在此基础上,界定装备作战单元维修保障资源需求预测问题,明确所要研究的具体内容,并对相应的影响因素进行分析,为进一步的研究奠定基础。

2. 装备维修备件需求预测技术

分析备件需求确定的重要指标因素,综合运用多种技术方法对这些因素进行评定,评估备件品种缺失的风险,给出备件品种需求决策的方法和步骤。分析各类型备件保障性指标的确定方法,建立备件需求的计算模型,并给出相应的计算方法。

3. 装备维修保障设备/工具需求预测技术

坚持综合保障的思想,分析维修保障设备/工具种类确定的基本原则,给出装备维修保障设备/工具品种确定的流程和方法。结合各种类型维修保障设备/工具的特点;首先,分析维修保障设备/工具配备的一般原则,介绍目前常用的维修保障设备/工具数量需求预测方法；然后，以装备实际维修过程为基础，建立故障装备排队等待维修保障设备/工具的排队模型，结合装备维修时间要求，研究维修保障设备/工具的数量确定方法。

4. 装备维修保障人员需求预测技术

在对现有维修保障人员需求预测方法进行概要介绍的基础上，分析如何利用基本任务实现任务的模块化分解，研究利用可拓理论建立任务的物元模型，构建相似任务系统的方法。基于相似任务预测人力需求，不仅要确定"相似"的判断标准，即要建立一套任务系统相似的参数体系及定量化描述方法，而且要提供一套可行的人力需求计算操作步骤，并明确该方法的适用性。

第 2 章　装备作战单元维修保障资源需求预测论域分析

2.1　装备维修保障资源概述

在 GJB 451A—90《可靠性维修性保障性术语》中，保障资源有着明确定义："使用与维修装备所需的硬件、软件与人员等的统称"，但过于宽泛而不够具体。在 GJB/Z 20365《军用装备维修基本术语》中，对维修资源的定义为"装备维修所需的人力、物力、经费、技术、信息和时间的统称"，该定义从系统角度出发，覆盖了装备维修所涵盖的各项保障要素。因此，本书中将这一定义引申作为维修保障资源的定义，即维修保障资源是装备维修所需的人力、物力、经费、技术、信息和时间的统称。

2.1.1　维修保障资源使用分析

维修保障资源通过科学合理地配置在各维修保障机构中，在维修保障制度的协调下，形成部队建制下的维修保障系统。维修保障资源的使用过程、即各种维修保障机构为完成维修保障任务、合理与调配、运用维修保障资源的过程。下面，以图 2-1 所示的某维修保障机构对装备进行故障修理为例，对维修资源使用过程进行说明。

当装备使用过程中产生装备维修需求（预防性维修需求、故障维修需求）后，维修保障系统根据系统中各维修保障机构的职责分工和维修范围，将待修理的装备或零部件送至相应的维修保障机构。维修保障机构接到待修的装备或零部件后，首先，对其进行故障的检测、定位；然后，各维修保障机构需要根据维修计划确定本级的维修职责和维修范围，选择合理的维修方法，对待修装备或零部件进行原件修理或换件修理，并按照规定的维修工艺流程完成修理任

22

务。原件修理与换件修理的最大区别在于是否会产生对备件的需求,只有换件修理才会产生备件需求。在进行换件修理时,如果更换下来的备件可以修理且未达到报废的程度,则还需对更换的备件进行修理,进而产生新的维修需求。

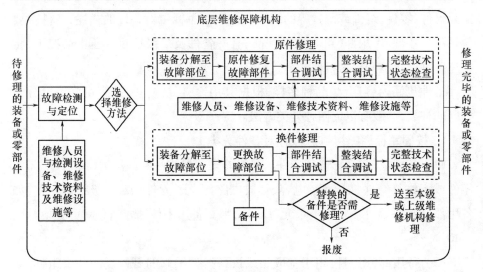

图 2 – 1　维修保障资源运用流程图

上述的各个维修活动的相互顺序以及维修活动的具体实施过程都需要按照维修技术资料中规定的要求进行;同时,任何维修活动都需要由具有相关能力、功能的维修保障人员和维修设备完成,一些维修活动还需在专门的维修设施中实施;如果进行换件修理,还需要有相应的备件保障才能完成维修任务。由此可见,在装备维修过程当中,必须具备的维修保障资源包括备件、维修保障设备/工具、维修保障人员,以及维修技术资料、维修设施等。在本书中,主要对备件、维修保障设备/工具、维修保障人员的需求预测方法进行分析介绍,对于维修技术资料、维修设施等其他维修保障资源的需求预测方法不做介绍。

2.1.2　装备维修保障备件概述

装备出现故障后,需要修理或更换失效(或故障)的部位,为减少装备维修过程中等待这些更换部位的时间,通常对其进行预先储备,当装备维修过程中需要时,及时补充、及时更换。这些预先储备的更换用零部件、用品等就是备件。备件是装备维修保障过程中的关键性保障资源,是构成装备使用与维修保

23

障费用的主要因素。科学合理地预测备件需求不仅是确保维修保障任务顺利实施的重要保证,还可以有效节省保障费用。

国军标《备件供应规划要求》中将备件定义为:维修装备及其主要成品所需的元器件、零件、组件或部件等的统称。按照美军标中对备件的描述,备件主要包括备用零件、备用部(组)件、消耗品、有寿备件及二级项目。通常情况下,将上述各种件统统简称为备件。

备件包涵内容广泛、品种多样,根据其用途、供应阶段、是否可修等可分为不同的种类,一般有以下四种分类方法。

1. 按国军标《备件供应规划》对备件分类

(1) 备用零件,又称修理备件。是指修理主要成品的备用部(组)件所需的零件或不修复组件,如电阻、电容、集成电路等电子元件。对二级维修而言,如备用部(组)件是外场可更换单元(LRU),那么备用零件即相当车间可更换单元(SRU)。

(2) 备用部(组)件:用于主成品或设备换件维修的可修复部件或组件,如印制版插件等。

(3) 消耗品:不能修复的或报废比修复更经济的或在使用和维修中消耗了的项目,如冷却液、润滑脂、密封圈、灯泡、熔断器等。

(4) 有寿备件,又称限寿件。是指维修技术文件规定了寿命期限的件,如齿轮、轴承等结构组件。

(5) 二级项目:以非成品方式供应的项目,包括备用部(组)件、备用零件和消耗品。

2. 按装备寿命周期(或)使用阶段分类

(1) 初始备件:在装备形成战斗力的初始保障时间内,装备使用与维修所需的备件。

(2) 后续备件:装备已形成初始战斗力且订购方已具有备件保障能力后,在规定时间内装备使用与维修所需的补充的备件。

3. 按备件所保障的维修活动分类

(1) 预防性维修备件:装备训练/使用过程中进行预防性维修所需的备件。

(2) 修复性维修备件:装备出现故障后进行修复性维修所需的备件。

4. 按备件是否可修分类

（1）可修备件：备件损坏后经过修理还可继续使用的备件。这种备件的修理需要一定的时间才能完成，有时还需送至不同的维修保障机构进行修理，也称为周转备件；

（2）不可修备件：备件损坏由即报废的备件。

2.1.3　维修保障设备/工具概述

用于装备维修的任何设备/工具均可称为装备维修保障设备/工具，是非常重要的保障资源。装备维修保障设备/工具可以是活动的或是固定的，通用的或专用的，其中包括装备维修所用的拆卸和安装设备、工具、计量与校准设备、检测设备、测试设备（含自动测试设备）和诊断设备以及工艺装置与切削加工和焊接设备等，可以说大到一个维修保障装备，小到一个扳手，均可称为装备维修保障设备/工具。但维修保障设备/工具一般不包括下列设备。

（1）通用的动力和非动力的手用工具。

（2）某些非直接保障的设备及产品。

（3）通用机床、设备。

（4）仅研制部门使用的设备。

由于装备维修保障设备/工具涉及到众多的功能、用途、品种和型号的设备/工具，可按照多种标准进行分类，一般有以下四种分类方法。

1. 按是否通用分类

（1）通用维修保障设备/工具。通常广泛使用且对各种装备或多项维修保障工作都具有普遍性功能设备/工具均可归类为通用保障设备/工具，包括手工工具、气泵、液压起重机、示波器、电压表等。

（2）专用维修保障设备/工具。专为某一种装备（或部件）所研制的完成其特定维修保障功能的设备/工具，均归为专用维修保障设备/工具。例如，专为某型便携导弹而研制的检测台，不能做其他用途。专用维修保障设备/工具一般要随装备同时研制和采购。

2. 按配属的维修级别分类

（1）基层级维修保障设备：基层级维修保障机构所用的维修保障设备/工具。

（2）中继级维修保障设备：中继级维修保障机构所用的维修保障设备/工具。

（3）基地级维修保障设备：基地级维修保障机构所用的维修保障设备/工具。

3. 按功能分类

（1）支持、顶起、吊挂设备。

（2）系留、拦阻设备。

（3）牵引、拖拽设备。

（4）安装、拆卸、分解、组装设备。

（5）充、加、挂设备。

（6）运输、储存设备。

（7）清洗、润滑设备。

（8）检查、测试设备。

（9）调整、校准设备。

（10）抢救设备等。

4. 按研制状态分类

（1）新研维修保障设备：为满足新研武器装备的维修保障需要，新研制开发的维修保障设备。

（2）改进维修保障设备：在已定型的非相似装备的维修保障设备基础上按照装备的时机要求改进的维修保障设备。

（3）选用维修保障设备：采用已定型的非相似装备的维修保障设备。

（4）沿改维修保障设备：在相似装备维修保障设备基础上，做局部改动的维修保障设备。

（5）沿用维修保障设备：直接采用相似装备的维修保障设备。

另外，还可按维修方式、维修对象等进行分类，如定检设备、维护设备等。

2.1.4　维修保障人员概述

维修保障人员是从事维修保障工作的主体，是装备维修保障过程中最具有主观能动性的要素。

随着科学技术的发展，装备的技术含量大大提高，其复杂程度已远远超出了单个人员的能力极限,需要合理的专业分工和协作。专业是构成装备保障群体的基础,良好的专业结构不仅利于保障任务的完成,而且可以减少人力需求、降低保障费用,这一点在维修保障人员的专业设置上表现得尤为突出。同一专业的维修保障人员,由于对专业知识掌握的广度、深度、熟练程度等均不相同,其所能完成的维修保障任务也有所区别,为此在各维修保障专业中还需设置不同的级别,用于划分维修保障人员等级。根据维修保障机构的任务,结合专业及其技术等级的划分,就可确定出各专业、各技术等级维修保障人员所需的数量。这些维修保障人员按照维修保障机构的划分以及不同岗位的设置汇聚在一起,促使整个装备维修保障系统高效、有序地运行。由此,可按照人员专业和技术等级对维修保障人员进行分类,具体划分方法如图 2 - 2 所示。

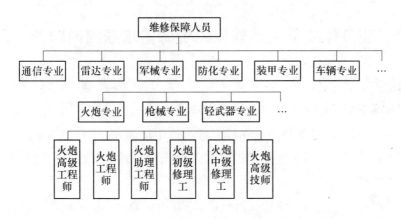

图 2 - 2　维修保障人员专业、技术等级划分

从来源看,我军维修保障人员可分为军队所属维修保障人员和地方维修保障人员。军队维修保障人员包括各级部队建制内的维修保障人员,军队院校、科研院(所)和军队企业化工厂的装备维修保障人员三类;地方维修保障人员,主要由预备役、民兵、地方装备修理制造工厂、院校、科研单位和民间其他维修保障人员组成。

从维修保障人员隶属的维修保障机构级别看,维修保障人员可分为战略级、战役级和战术级三个层次。战略级是指由总部或军兵种负责建设和掌握、使用的维修保障人员,主要包括总部或军兵种直属的企业化工厂、直属院校和科研院所、直属仓库、直属保障部(分)队的维修保障人员;战役级是指由军区负责建设和掌握、使用的维修保障人员,主要包括军区直属的企业化工厂、直属的装备修理单位和弹药化(试)验站、军区装备部门直属仓库和所属训练单位的维修保障人员;战术级是指集团军级(含)以下部队编制的修理分队、仓库等的维修保障人员。这些维修保障人员平时按维修级别还可分为基层级、中继级和基地级三个层次。基层级维修保障人员主要指团、营两级修理分队和仓库所属维修保障人员;中继级维修保障人员主要指师或旅、集团军修理分队和仓库所属维修保障人员;基地级维修保障人员主要指军区直属修理所(站、中心)和总部直属装备保障部(分)队所属维修保障人员。军队企业化工厂维修保障人员平时承担各种装备大修任务,战时可抽调其主要技术力量,组成战略支援保障分队,担负装备的基地级维修任务。

2.2　装备作战单元维修保障资源需求预测问题的界定

装备维修保障资源是形成装备维修保障能力的物质基础,是构成维修保障系统的最基本要素。单个或单类维修保障资源很难完成装备作战单元的维修保障工作,维修保障系统将维修保障资源有效组织起来,使各类维修保障资源按照装备作战单元中各装备规定的维修保障流程,协调一致共同发挥作用,完成维修保障任务。

维修保障系统具有一定的组织结构,设有众多的维修保障机构。各维修保障机构所承担的维修保障任务种类、数量等都有所不同。为确保各维修保障机构完成其所承担的维修保障任务,必须为其配备相应的维修保障资源,并且所配备的维修保障资源的种类、数量需与维修保障任务的类型及任务量相匹配。各维修保障机构配属的维修保障资源隶属于本保障机构,各维修保障机构间如需进行支援、供应等,则需由相应的作战指挥机关统一协调组织。

就某一装备作战单元而言,其产生的维修保障任务需要由多个不同级别的维修保障机构共同完成。预测装备作战单元所需的维修保障资源即是预测与之相对应的各级别维修保障机构所需的维修保障资源,进而汇总得出装备作战单元所需的全部维修保障资源。因此,在对装备维修保障资源需求预测问题进行界定时,首先应对维修保障体系的结构及运行过程进行分析。

2.2.1　维修保障系统运行过程概述

维修保障系统是在装备使用过程中用于维修装备的所有保障资源及其管理的有机组合,是为达到既定目标(如装备战备完好要求和持续作战要求)使所需的维修保障资源相互关联和相互协调而形成的一个系统。维修保障资源通过科学合理地配置在各维修保障机构中,在维修保障制度的协调下,形成部队建制下的维修保障系统。维修保障系统不是维修保障资源简单的叠加,是为达到既定目标(如 A_o)所组成的具有完整维修保障功能的系统。

维修保障系统的体系结构将维修保障力量划分为众多具有不同级别、能力的维修保障机构,规定了各维修保障机构所承担的维修保障任务及其配属的维修保障资源。目前,我军实行在总装备部统一组织领导下,各军兵种按建制系统分别设立维修保障力量的保障体制,维修保障力量的层次与作战力量层次相对应,按照战略、战役、战术设置保障力量[58];各级作战力量均设有相应的维修保障机构,负责本级所属装备作战单元的部分装备修理及备件的供应保障任务。

维修保障系统中各维修保障机构均有自己明确的维修保障对象和维修职责范围。对于同一类武器装备而言,有多个不同级别的维修保障机构负责其相应的维修保障工作。一般情况下,上级维修保障机构在修理能力要强于下级维修保障机构,在修理范围上涵盖下级维修保障机构的修理范围[59]。维修保障机构的职责分工将不同型号武器装备、不同维修等级的维修保障任务,按照一定比例分配给各级的维修保障机构,从而确定出各维修保障机构所承担的维修保障任务。

当武器装备在使用过程中会出现故障或预防性维修需求后,维修保障系统根据各维修保障机构的职责划分,将武器装备交由相应的维修保障机构进行修理;当维修保障机构接到需要修理的武器装备后,按图 2 - 1 所示的过程对装备进行修理,直至装备修复归建;同时,装备使用任务,尤其是在作战任务,会对装备修理时间提出特定的要求,维修保障机构必须要在规定的时限内完成装备的修理任务。

2.2.2　装备作战单元维修保障资源需求预测问题分析

根据前面的分析可知,装备作战单元维修保障资源需求预测是以装备作战单元使用过程中产生的维修保障任务为输入。遵循维修保障系统的运行规律,在各级维修保障机构的职责分工、维修等级、维修流程等确定的前提下,对与装备作战单元相对应的各级维修保障机构所需备件、维修保障设备/工具和维修保障人员所需种类和数量进行的合理预估。确保各维修保障机构能够完成赋予的维修保障任务,进而汇总得出装备作战单元所需的全部维修保障资源。该问题的输入/输出和约束条件如图2-3所示。

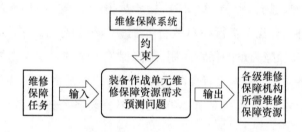

图2-3　装备作战单元维修保障资源需求预测问题的输入/输出和约束条件

本书重点对装备作战单元的备件需求预测、维修保障设备/工具需求预测和维修保障人员需求预测问题进行分析和介绍。

1. 备件需求预测问题分析

由于各级维修保障机构修理的范围、深度不一致,会导致相同故障模式的武器装备在不同级别维修保障机构中进行修理所采取的维修方法不同(换件修理或原件修理),因此而产生的备件需求也有所区别。例如,某型装甲车底盘发动机出现故障,基层级只能对发动机进行更换,基地级则可对发动机进行原件修复;直接将故障的装甲车送至基地及进行维修,则只会产生更换发动机上故障零件的备件需求,但如果将故障的装甲车送至基层级维修则还会产生发动机这一备件的需求。因此,在进行备件需求预测时,首先根据维修保障系统各级别维修保障机构的职责划分和任务分配情况,分析装备作战单元在不同级别维修保障机构进行维修所需的备件种类;然后才能结合装备的故障率,对各级别维修保障机构所需的备件数量进行分析。

1）备件品种确定

影响备件品种的因素众多,而对于不同的装备使用任务、不同的维修保障机构而言,各种因素的重要程度有所区别。例如,在装备机动任务过程中底盘上个零部件的重要性较高,对于基层级维修保障机构由于缺少备件的供应各零部件的通用性(互换性)的重要程度较大。因此,首先,对影响备件品种的各种因素进行选择,分析各种备件对于不同装备使用任务、不同维修保障机构的相对重要性,进行确定各级维修保障机构应储备的备件种类;其次,由于一旦缺少备件维修保障任务将无法进行,可能导致装备使用任务的失败,为此还需对备件品种确定的风险进行分析,确保某种零部件不作为备件储备导致的风险在可接受的范围内。

2）备件数量确定

通过装备作战单元的使用任务可逐步分析得出各级维修保障机构的维修与保障要求,同时还可以得出备件的保障指标要求,如备件保障概率、平均等待备件时间等,这些指标要求可根据武器装备的结构细化分解到部件和子部件上。根据上述分析结果,可计算得出所需备件的数量。因此,本部分首先对备件保障概率和平均等待备件时间的计算方法进行分析;其次从装备部件的故障入手,分析其与备件需求率的相互关系;最后结合备件保障要求及备件需求率分析得出备件需求量的计算方法。

2. 维修保障设备/工具需求预测问题分析

维修保障机构的职责分工明确了本机构负责维修保障的武器装备类型及其修理的范围和深度,为确保该机构具备完成相应职责的能力,必须为其配备具有相关功能的维修保障设备/工具,即确定出应配备的维修保障设备/工具的种类。在确保维修保障机构具备基本能力的前提下,还应使其按时、保量完成规定的全部维修保障任务,即维修保障能力的大小要与本机构承担的维修保障任务量相匹配,以此为依据对维修保障设备/工具的需求数量进行确定。因此,本部分主要解决两个问题——维修保障设备/工具种类需求的确定和数量需求的确定。

1）维修保障设备/工具品种需求确定

维修保障设备/工具的品种要与维修保障机构的职责即所承担的维修保障任务类型相匹配。因此,可通过使用与维修工作分析,结合该机构负责保障的装备作战单元及相关武器装备结构,分析该机构承担的维修保障任务类型,对各类型维修保障任务的功能需求进行汇总、归类、合并,进而得出维修保障设备/工具的品种需求。

2)维修保障设备/工具数量需求确定

维修保障设备/工具的种类繁多,各种不同的设备/工具其成本、体积、重量等特点均不相同。根据不同类型维修保障设备/工具的特点,一般会采取不同的数量配备原则。因此,应首先对各种类维修保障设备/工具的数量配备原则进行分析,进而结合不同的原则分析不同种类维修保障设备/工具的数量需求预测方法。对于大型、贵重的关键性维修保障设备/工具而言,通常需要准确预测其配备数量。对这类维修保障设备/工具本书则根据维修保障任务的强度以及完成时限要求等,采用排队论的方法对维修保障过程进行分析,进而计算出维修保障设备/工具的需求。

3. 维修保障人员需求预测问题分析

如果将一个专业一个等级的维修保障人员看作一类,那么人员 u 可按人员类型和隶属关系进一步细化,表示为维修保障机构 i(可能部署在一个或多个地点)的第 j 类人员,其在时刻 a 的任务人员需求为

$$M_{ij}(a) = f_{m1}(\mathrm{Work}_{ij}(a), A \cdot t_{ij}) \tag{2-1}$$

式中:$\mathrm{Work}_{ij}(a)$ 为 a 时刻维修保障机构 i 第 j 类人员的维修保障任务量;$A \cdot t_{ij}$ 为 a 时刻维修保障机构 i 第 j 类人员的有效工作时间。

在预测过程中,维修保障任务量的预计是关键,有

$$\mathrm{Work}_{ij}(a) = f_{m2}(\mathrm{Mis}_{ij}(a), \mathrm{Wep}_{ij}(a), \mathrm{Sup}_{ij}(a)) \tag{2-2}$$

式中:$\mathrm{Mis}_{ij}(a)$ 为 a 时刻维修保障机构 i 第 j 类人员所保障的任务系统;$\mathrm{Wep}_{ij}(a)$ 为 a 时刻维修保障机构 i 第 j 类人员所保障的武器系统;$\mathrm{Sup}_{ij}(a)$ 为 a 时刻维修保障机构 i 第 j 类人员的装备保障系统。

任务过程中的维修保障活动是离散的、随机的,各种影响要素与人员需求的相关关系不易完全量化,$f_{m2}(\cdot)$ 难以获得精确的解析表达式。基于相似理论的装备保障人员需求确定方法,将任务的全部随机保障活动看作一个整体,利用相似任务保障活动中各种事件的统计值解决新任务的人员需求预测问题,使得随机问题在某种程度上得以确定化。预测方法的解决思路是:对于 a 时刻的一项任务系统,已知其武器系统和装备保障系统的情况,欲求 $\mathrm{Work}_{ij}(a)$。寻求

这样的相似任务系统,使得

$$\text{Work}_{ij}(b) = f_{m2}(\text{Mis}'_{ij}(b), \text{Wep}'_{ij}(b), \text{Sup}'_{ij}(b))$$

式中:b 时刻的 $\text{Mis}'_{ij}(b)$、$\text{Wep}'_{ij}(b)$ 和 $\text{Sup}'_{ij}(b)$ 均为已知,并且与 $\text{Mis}_{ij}(a)$、$\text{Wep}_{ij}(a)$ 和 $\text{Sup}_{ij}(a)$ 总体上相似,由相似逆定理则有 $\text{Work}_{ij}(b)$ 与 $\text{Work}_{ij}(a)$ 相似。

该方法中有三个关键点,后面将逐一进行分析。

(1) 任务系统、武器系统、装备保障系统综合相似比较的内涵与定量描述。

(2) 相似比较参数体系的建立。

(3) 如何根据任务系统间相似性的差异量化人力需求的差异。

2.3　装备作战单元维修保障资源需求预测影响因素分析

维修保障资源是维修保障系统为完成武器装备使用过程中产生的各种预计维修和故障维修任务而预先配置的人力、物力等各种资源,其所需的种类、数量等与武器装备的维修任务直接的相关。而装备的损坏种类、数量、程度等又决定着装备维修任务的类型及任务量,即决定了所需维修保障资源的种类和数量。装备损坏的原因通常分为三种:①自然损坏。由于锈蚀、元件老化失效、油液变质等自然原因及磨损造成的部件、机件损坏。②技术损坏。由于机械故障、操作不当、管理不好、保养不周,如违反操作规程、连续超速发射、擦拭维修不当等,造成装备及其部件损坏或翻车、掉沟、淤陷等使装备失去功能。③受击损坏。装备在作战过程中,由于受到敌武器或其他爆炸物的袭击和破坏造成的损坏。前两者主要与装备的使用方式、时间、频度、强度、天候和地形等有关,统称为使用损坏;后者主要与遭敌人袭击程度和我军的防护条件有关。综合上述分析,可以将维修保障资源需求的影响因素进行分类,如图 2 - 4 所示。

影响维修保障资源需求的因素众多、关系复杂。假设我军同种武器系统的使用人员操作水平、任务中的作战指挥水平、装备的战场管理水平接近,由这些因素产生的差异不再考虑。图 2 - 4 中仅从武器装备、装备使用任务、装备保障系统三方面进行分析。

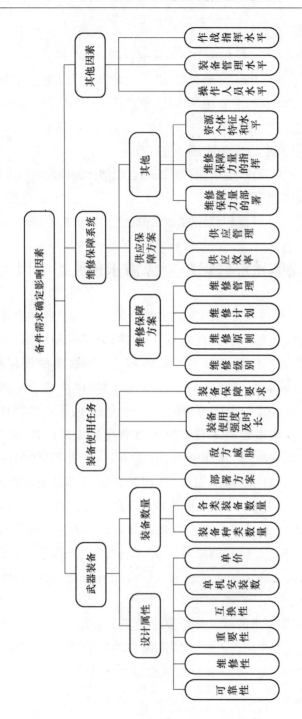

图2-4 维修保障资源需求影响因素

2.3.1　武器装备影响

维修保障资源的需求与武器装备自身直接相关。装备的可靠性、保障性、维修性(RMS)等设计属性是影响维修保障资源需求的重要因素;同时,装备作战单元包含的装备种类数量和各种装备数量越多,相对而言所需的备件也就越多。

1. 设计属性

从设计方案可以得到装备及部件的设计属性,主要包括可靠性、维修性、重要性、互换性、单价、单机安装数等,这些都是影响维修保障资源需求的重要因素。

1) 可靠性

可靠性是部件在规定的条件下和规定的时间内,完成规定功能的能力。可修复部件的可靠性水平可以用平均故障间隔时间(MTBF)或故障率度量;不修复产品的可靠性水平可以用平均失效前时间(MTTF)或失效率度量。武器装备的可靠性越低,其故障产生的概率越大,所需的备件、人员等维修保障资源的数量也就越多。

2) 维修性

维修性是部件在规定的条件下和规定的时间内,按规定的程序和方法进行维修时,保持或恢复到规定状态的能力。武器装备的维修性越高,应越便于修理,修理时间越短,修复率也越高,同等条件下所需维修保障人员的技术等级越低、数量越少,维修保障设备/工具、备件的品种和数量需求也越少。

3) 重要性

重要性是指装备各部分的功能对装备使用任务的影响程度,如装备某部分失效或故障,使其功能不能正常发挥最终导致装备使用任务失败或终止,则该部分的重要性极高。如装备某部分虽然故障或失效,但对装备使用任务无任何影响,则该部分重要性极低,各部分的重要性可通过故障模式影响与危害性分析(FMECA)得到。对于重要性较高的部分而言,在装备使用任务过程中越应作为备件进行储备。

4) 互换性

互换性是指同一规格的一批部件中,任取其一,不需要任何挑选或附加修配就能装在装备上达到规定的性能要求,它属于标准化的范畴。按照互换范围的不同,可分为完全互换、不完全互换和不能互换。互换性在装备维修保障中的作用很大,如果部件的互换性高,同等条件下通过拆件维修获得的可用备件数量也就越多,部件作为备件储备的可能性降低;反之,部件作为备件储备的可能性增大。

5)单价

装备或部件的单价是影响维修保障资源需求的重要因素,如果维修保障资源的单价过高,则考虑由较低成本的资源代替,并减少其配备的数量;如果装备自身价格的昂贵是阻碍将其本身作为备件储备的最主要因素,高等级维修保障人员的培训、工资等成本较高造成部队高级技术人员配备较少。同等条件下,维修保障资源单价越高,其配备数量越少。

6)单机安装数

单机安装数表示装备设计方案中相同部件的数量,此参数和部件故障率或失效率的乘积表示部件故障或失效的可能性大小,单机安装数越多表明部件的备件需求也就越明显;同时,所需要的专业修理人员、专用维修设备/工具的数量也就越大。

2. 装备数量

1)装备种类数量

各种类装备结构各异,装备的设计属性等均有所差别,即使施行了标准化、系列化、模块化,但不同种类甚至不同型号的装备均有其自身特点。因此,装备种类数量越多,相对而言装备维修所需的维修保障资源种类越多,数量越大。

2)各种装备的数量

装备数量越多,装备进行预防性维修的次数越多,各部件发生失效或故障的概率、频率也越大,最终则会导致所需维修保障资源数量的增高。

2.3.2 装备使用任务影响

装备使用任务规定了武器装备在任务过程中具体如何运用,是导致备件需求的主导因素;同时,还对装备保障提出了要求,是维修保障资源需求确定时所需满足的基本约束条件。

1. 部署方案

装备部署方案是装备部署地点和部署数量的统称,装备部署地点是影响维修保障力量前出或装备后送的重要因素,也是决定备件周转时间和订货时间长短的重要条件。同等条件下,装备部署点距维修力量的距离越近,维修的延误时间越短,所需维修保障资源数量越少;同时造成的备件周转时间和订货时间越短备件短缺风险越小,部件作为备件储备的可能性也就越小。

2. 敌方威胁

装备使用过程中受敌方威胁越大,装备受到打击损坏的概率相对就越大,相应维修保障资源的需求也就越大。

3. 装备使用强度及时长

装备使用过程中,装备的使用强度越大、使用时间越长,各部分出现故障的频率及次数越多,装备所需进行预防性维修的次数也就越多,必然会使维修保障资源的需求增加。

4. 装备保障要求

装备使用任务所提出的保障要求主要是维修保障资源保障概率、平均等待时间等。保障指标要求是一个综合参数,计算效能指标需要考虑武器装备、装备部署使用、维修与保障系统等多种因素。在装备设计方案、装备部署使用、维修保障方案等因素确定的情况下,保障要求越高维修保障资源需求越多。

2.3.3　维修保障系统影响

1. 维修保障方案

维修保障方案是对部件维修级别、维修原则、维修工作、维修管理的描述,这些都是影响维修保障资源需求的重要因素。

1)维修级别

维修级别确定故障装备或部件在维修组织中的修理地点。一方面,维修站在对故障装备或部件进行维修时,除维修保障人员、维修保障设备/工具等的需求,还可能会产生部件或子部件的备件需求;另一方面,如果拆卸下来的故障部件采取异地修理的策略,则会由于运输时间较长导致备件周转时间增加,造成备件需求数量的增加。

2）维修原则

维修原则确定了故障发生后部件是进行维修还是报废,如果故障部件值得修复,则需要维修保障人员和维修保障设备/工具,同时还可通过维修获得新备件;而对故障部件进行报废处理时,只能通过采购获得新备件,通常情况下备件的采购时间较长,因此会造成备件的需求增加。

3）维修计划

维修计划是对装备及部件进行定期检查和维护以预防故障发生或完成修复而确定的规范化文件,维修计划中制定的预防性维修工作项目越多,维修工作量越大,所需的各种维修资源的种类和数量也越大。

4）维修管理

维修管理中的维修管理延误时间是影响维修保障资源需求的重要因素,它是维修时间延误的重要组成部分。维修管理延误时间越长,可用的维修时间越少,所需的各类维修保障资源数量越多。

2. 供应保障方案

供应保障方案是对部件供应保障方式及策略的描述,综合体现为供应效率和供应管理,这些都是影响备件需求的重要因素。

1）供应效率

供应效率是对部件供应过程的时间度量,它反映的是备件需求被满足的快速性。备件供应时间越长,同等条件下备件短缺风险越大,部件作为备件储备的可能性越大;反之,备件短缺风险越小,部件作为备件储备的可能性越小。

2）供应管理

供应管理中的供应管理延误时间是影响备件品种确定的重要因素,它是备件订购时间的重要组成部分,供应管理延误时间越长,备件订购时间也就越长,同等条件下备件短缺的风险越大,部件作为备件储备的可能性越大;反之,备件短缺风险越小,部件作为备件储备的可能性越小。

本书中认为我军维修保障力量指挥水平相当,而由于维修保障力量指挥及部署造成的时间延误及各种损失等均视为维修管理的延误,不再另外考虑;同时,本书中对于同种类维修保障资源不再考虑其个体的差异性,认为其完全相同,如同专业、同等级维修保障人员其能力相同。

2.4　本章小结

本章从维修保障过程的分析入手,介绍了各种维修保障资源在维修过程中的作用,并对每种资源的定义、特征、分类等进行了概述。对维修保障系统结构、职责分工等运行情况进行了概述,明确了装备作战单元维修保障资源需求预测问题的研究内容,对备件需求预测、维修保障设备/工具需求预测和维修保障人员需求预测等问题的思路和方法进行了剖析。从武器装备、装备使用任务和维修保障系统三个方面对装备作战单元维修保障资源需求的影响因素进行了分析,为后续的研究工作奠定了基础。

第3章　装备维修备件需求预测技术

备件是装备维修过程中所需的重要保障资源,是构成装备使用与维修保障费用的主要因素。科学合理地确定备件的需求不仅可以降低装备保障费用,而且可以有效缩短装备维修时间,提高装备战备完好率。

3.1　备件品种决策及其风险分析

3.1.1　备件品种决策

对于装备预防性维修而言,所需备件可根据装备预防性维修的次数,结合预防性维修工作项目等内容确定所需备件品种。而装备预防性维修次数,则可根据装备使用任务规定的装备使用强度和时长具体确定。这部分内容较为简单,本书不做过多介绍。下面,主要对故障维修所需备件品种的确定方法进行介绍。

装备上某个零部件是否作为备件储存,应依据这一零部件对装备使用任务和装备维修的影响决定。如不将该零部件作为备件,则可能导致任务过程中故障装备修复时间、装备完好率等无法满足装备使用任务要求,使得装备使用任务停止或失败,或使得装备修复费用极大地增加。对于这样的零部件应作为备件储存;反之则无须作为备件储备。为此本书选取备件的重要性、互换性、成本和是否满足装备保障要求四个重要参数作为装备各部分是否当作备件储备的评价因素,可采用模糊层次分析法确定。具体步骤如下。

1. 构造层次分析结构

根据前述的分析,构建简单的两层分析结构,如图3-1所示。

上述各项指标的分值可采取"逐对比较""专家打分""1~9打分"等方法,结合以下内容确定。

图 3 – 1　AHP 确定备件品种层次图

（1）部件的重要性可依据 FMECA 的分析结果,结合装备使用任务确定,部件的重要性越高相应得分也应越高。在不同的装备使用任务中,各部件的重要性是不同的。例如,装备在执行行军任务时,底盘各部件对任务较为重要,而上装各部件对任务影响较小;在执行侦察打击任务时,装备底盘对任务的影响则较小,雷达、通信设备对任务的影响较大。

（2）部件的互换性则可根据装备各部分的通用程度确定,如果该部件在多种型号、种类的装备上得以使用,则该部件的通用程度较高,作为备件储备的可能性越低,所以部件的互换性越高其相应得分应越低。

（3）部件的成本越高作为备件进行储备造成的费用投入也就越高,为此成本越高的部件越不应作为备件,相应在"单价"这一项的得分应越低。

（4）保障要求满足程度可通过零备件保障概率和零备件平均等待时间综合得到,保障概率越低、平均等待时间越长则该部件越应作为备件进行储备,相应在保障要求满足程度这一项的得分应越高。保障要求满足程度的判断标准——零备件保障概率、零备件平均等待时间计算方法如下:

① 零备件保障概率。如果产品故障行为服从指数分布,那么周转时间（或订货时间）内的备件需求量服从泊松分布,即

$$P\{x = k\} = \frac{e^{-d \cdot T} \cdot d^k}{k!} \qquad (3-1)$$

零备件保障概率为

$$P\{x = 0\} = e^{-d \cdot T} \qquad (3-2)$$

式中:k 为故障产品个数;d 为备件需求率;T 为备件周转时间或订货时间。

如果计算得到的零备件保障概率较高,则可不讲其作为备件储备;否则,需要考虑将部件作为备件储备。

② 零备件平均等待时间。对于可修复产品,零备件平均等待时间就是周转时间,对于不修复产品,零备件平均等待时间就是订货时间。将上述两参数作

为确定备件品种的确定准则时需要对其进行一定的修正,这样才能反应装备在真实使用环境中获取备件所需的等待时间。

2. 构造判断矩阵

针对上述四个评价参数建立判断矩阵,即建立{重要性,互换性,单价,保障要求满足程度}之间的判断矩阵。这一步骤需要注意的是,在装备不同使用任务过程中,各种评价指标的权重是不同的。装备平时的使用训练任务,储备备件应更加注重保障费用的投入,装备故障一般不采取拆拼修理的方式,因此对于互换性和保障要求满足程度两项指标的要求较低。而在装备作战任务过程中,拆拼修理是装备维修的重要手段,并且保障要求较高必须得到满足,为此部件的互换性和保障要求满足程度的重要性比较大,相应权重则应较高。因此,在构建判断矩阵时,各指标的权重值还需根据具体的装备使用任务确定。

3. 层次单排序

计算判断矩阵的最大特征值及与其对应的特征向量,并将特征向量作归一化处理,可以得到各评价指标的相对权重。

4. 层次总排序

将根据判断矩阵计算出来的特征向量和与其相对应的第三层判断矩阵计算出来的特征向量相乘并求和,可以得到被分析部件的综合权重值。

5. 备件品种决策

根据上述步骤得出的各部件综合权重值,可以设定一个标准权重,即高于标准权重值的部件定为备件,低于标准权重值的部件不定为备件。标准权重可以根据重要性较高、不完全互换、单价中等且不满足保障要求的部件权重值,结合专家意见获得。在针对其他部件进行备件品种确定时,将决策出来的权重值与标准值进行比较,如果研究对象的综合权重值高于此值,则将部件作为备件储备;如果综合权重值低于此值,则不将部件作为备件储备。

3.1.2 备件品种决策风险分析

备件品种决策对于备件保障指标要求的满足,以及备件的合理利用有非常重要的影响。决策是否合理可以通过非确定为备件的产品对装备及其部件保障指标要求的影响判断,即评价备件品种决策带来的风险。

1. 风险定义

风险有多种定义[60]:风险是用危险可能性和危险严重性表示的事故发生的可能性和影响(GJB/Z 99—97);用危险可能性和危险严重性表示的发生事故的可能程度(GJB 900—90);以危险严重性和危险可能性表达的可能损失(MIL - HDBK - 764(MI) - 90);用危险可能性与严重性表示的事故的可能性或影响(MIL - STD - 882C - 93)。风险评估方法包括定性评估方法和定量评估方法,其中风险的定量分析是从概率角度评价决策导致非预期后果的可能性。装备研制阶段进行备件品种决策对于形成初始备件清单的明细有非常重要的影响:决策得好不但能够提高备件保障效能,而且还可以降低备件的采购、管理等相关费用;决策得不好则会起到相反的效果。装备的备件品种决策的风险可以定义为,不储备此类备件对装备或部件维修所造成的负面影响程度,概率公式为

$$P(\overline{M}) = P(\overline{M} \mid \overline{A}) \cdot P(\overline{A}) \tag{3 - 3}$$

式中:$P(\cdot)$为发生概率;$\overline{M}$为故障装备或故障部件维修不能及时开展;$\overline{A}$为部件不被定为备件。

2. 备件品种决策的风险度量

装备及其部件通过维修建立了相互之间的联系,装备修复过程中可能会需要部件备件。如果所需部件被确定为备件在备件仓库存在,那么装备维修工作可以及时开展,不会产生什么额外的影响;否则装备维修工作不能及时开展,会对维修经费、维修时间等产生影响。

1) 备件品种决策影响分析

将装备组成结构中处于不同层次水平的部件作为研究对象进行备件品种确定分析时,分析结果对装备或其他部件的影响是不同的。如果研究对象是部件,那么是否将部件确定为备件决策直接影响故障装备的修复。一旦修复故障装备需要的备件在备件仓库不存在,那么将会严重影响装备维修进度和维修费用,甚至影响装备可用和执行任务的能力。如果研究对象是子部件,那么是否将其确定为备件决策直接影响故障部件的修复,而对于故障装备的修复有间接影响或没有影响。因此,针对不同研究对象备件品种决策带来的影响可以从它对上一层次研究对象故障修复进程的影响程度判断。

在表 3 - 1 中,将研究对象备件品种决策对故障装备或部件维修的风险影

响分为五个等级,并对每个等级的风险影响给予一定的分值。分值是各个等级风险影响的相对权重值,可以借助专家评判给出,评分范围为 1~10,分值越高说明影响越严重。表 3-1 还给出了风险发生概率的解释性说明。

表 3-1　备件品种确定风险影响等级定义

风险影响等级	分值	定义或说明
很高	9,10	一旦风险事件发生,将导致故障装备或故障部件维修任务无法开展
高	7,8	一旦风险事件发生,会导致维修经费大幅度增加、维修时间延长,可能无法在规定费用、时间范围内完成维修
中等	4,5,6	一旦风险事件发生,会导致维修经费一般程度增加,维修时间一般性延长,但仍能在规定费用、时间范围内完成维修
低	2,3	一旦风险事件发生,维修经费只有小幅度增加,维修时间延长不大,能在规定费用、时间范围内完成维修
很低	1	一旦风险事件发生,对故障装备或故障部件维修没有任何影响

2）备件品种决策风险分析

建立备件品种确定风险影响等级后,可以针对各个等级风险发生概率的大小进行评分并作解释性说明,分值可以借助专家评判给出,评分范围为 1~10,分值越高说明发生概率越大,如表 3-2 所列。

表 3-2　发生概率解释说明

风险概率/%	评　分	说　明
0~10	1	非常不可能发生
11~40	2,3	不太可能发生
41~60	4,5,6	可能发生
61~90	7,8	比较可能发生
91~100	9,10	非常可能发生

3）风险度量

某一部件备件品种决策的风险优先数(RPN)由备件品种决策发生概率评分(OPR)和备件品种确定风险影响等级(ESR)的乘积计算,即

$$RPN = OPR \cdot ESR \qquad (3-4)$$

对上述两个因素等级的定型评分结果相乘后将得到 RPN 的值,从而可以对

备件品种决策进行相对的风险评定。那些备件需求率较高、备件缺货影响严重的部件,其 RPN 值较高,从而风险较大。而那些备件需求率低、备件缺货影响不严重的部件,其 RPN 值较低,从而风险较小。

值得指出的是,利用两个评分因素评分值相乘所得出的 RPN 进行风险分析,在某些情况下可能会得到不明确的结果。例如,假设某部件的备件品种决策评分结果为 OPR = 8,ESR = 2,其 RPN = 16;另一个部件的备件品种决策评分结果为 OPR = 4,ESR = 4,其 RPN = 16。这两个部件备件品种决策的 RPN 值相同,但第二个部件的备件缺货影响程度似乎更应引起注意。因此,在利用 RPN 对备件品种决策进行评定时,可以制定一个 RPN 的门限值,超过此门限值的备件品种决策均应重新进行决策。虽然某些部件原先没有被确定为备件,但是经过重新决策后可能会被确定备件。

3.1.3　示例分析

运用上述研究结论对备件品种确定进行风险分析。例如,某公司有飞机 8 架,每天出动两个批次,每个批次出动 3 架飞机,每个批次的飞行任务时间为 2h,现选其中三个 LRU(外场可更换单元)进行分析,相关数据如表 3 – 3 所列。

表 3 – 3　产品相关数据表

编号	MTBF/h	TAT/天	更换时间/h	单机安装数	保障概率
1	12500	30.0	2	2	0.85
2	1250	30.0	2	2	0.85
3	1129	30.0	2	2	0.85

1. 确定备件品种

根据已有条件将零备件保障概率作为确定备件品种的决策依据,可以计算得出 LRU1、LRU2、LRU3 的零备件保障概率分别为 0.94、0.56、0.53。根据要求的保障概率 0.85 可以看出,LRU1 可以不作为备件储备,而 LRU2 和 LRU3 可以作为备件储备。

2. 决策风险评价

针对 LRU1 备件品种决策运用模糊综合评判可以确定不将部件 LRU1 作为

备件储备所带来的风险影响为高,评分值为 8,而风险发生概率为 0～10%,评分值为 1。二者乘积为 8,如果评分门限值为 36 时,因为 8 < 36,所以可以认为将 LRU1 不作为备件储备带来的风险较小,在可接受范围内。

3.2　备件数量需求确定

在装备使用任务确定后,可根据作战力量、保障力量的部署情况,结合武器装备自身特性,分析得出对保障系统的各项要求,其中包括备件的保障指标要求,如备件保障概率、平均等待备件时间等。这些指标的要求可根据装备结构逐步细化分解到部件和子部件上,以此为依据就可计算得到所需的备件数量。

3.2.1　备件保障指标要求解析式的建立

根据装备使用任务可获得备件保障概率、平均等待备件时间等备件保障指标要求,如果能够建立上述两指标的计算方法,那么就可以根据备件保障指标要求计算所需的备件数量。

1. 备件保障概率

备件保障概率表示装备需要的备件能够被满足的概率,在可以通过备件保障指标分配获得 LRU、DU(报废单元)、SRU(内场可更换单元)、DP(报废零件)等类型部件的备件保障概率。常用的计算模型是泊松分布计算模型,它在工程实践中得到了广泛的应用。一般来说,指数型寿命分布适用于电子产品、复杂系统及经老练试验并进行定期维修的产品,而寿命分布为指数分布的产品在计算备件数量时使用的模型为泊松分布。备件保障概率计算公式为

$$P = \sum_{x=0}^{S} \frac{e^{-dT}(dT)^x}{x!} \qquad (3-5)$$

式中:P 为备件保障概率;S 为备件库存量;d 为备件需求率;T 为备件周转时间或订货时间。

2. 等待备件时间

装备使用过程中应尽量减少因等待备件造成的故障装备数量和故障时间,因此可以设定基本作战单元装备平均等待备件时间 $\overline{W}_j^{obj}$($\overline{W}_j^{obj} > 0$)作为评价备

件保障效能的指标。平均等待备件时间和备件的延期交货量有直接的联系,计算平均等待备件时间首先需要计算备件的延期交货量。备件的延期交货量表示请求的备件不能被立即满足的数量,而这些备件需求需等待一段时间后才能被满足。图 3 - 2 所示为存在延期交货量的备件库存系统。

图 3 - 2 中 D_1、D_2、D_3、D_4、D_5 表示备件需求,S_1、S_2、S_3、S_4 表示备件到达的时刻,从图中可以看出,按照先到先得的原则(FCFS),在 D_2 时刻产生的备件需求只能够在 S_1 时刻被满足,在 D_3 时刻产生的备件需求只能够在 S_2 时刻被满足,其余依此类推。那么,在整个时间 T 内,平均的备件延期交货量(EBO)为

$$\text{EBO} = \frac{\left[1 \cdot (t_3 + t_4) + 1 \cdot (t_4 + t_5) \right]}{T} = \frac{(t_3 + 2 \cdot t_4 + t_5)}{T} \quad (3-6)$$

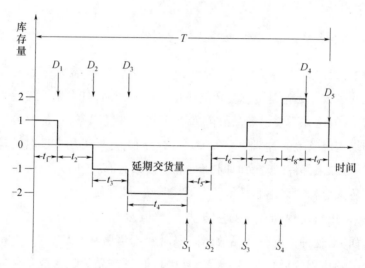

图 3 - 2　延期交货量分析图

平均的备件延期交货量也可以用马尔可夫链表示,其状态表示如下:

$$S, S-1, S-2, \cdots, S-x, \cdots, S-(S-1), S-S, S-(S+1), -2, \cdots, -\infty$$

从状态 S 到状态 $S-(S-1)$,所有备件需求都可以被立即满足,从状态 $S-(S+1)$ 开始,后面的备件需求都不能被立即满足。延期交货量可以看成是所有满足状态 $(x \geqslant S+1)$ 的概率和数值项 $x-S$ 的乘积,即

$$\text{EBO} = \sum_{x=S+1}^{\infty} (x-S) \cdot P(x) \quad (3-7)$$

如果 $P(x)$ 服从泊松分布,那么 EBO 可表示为

$$EBO = \sum_{x=S+1}^{\infty} (x-S) \cdot P(x \mid \mu T) = \sum_{x=S+1}^{\infty} (x-S) \cdot \frac{(dT)^x}{x!} \cdot e^{-(\mu T)}$$

$$(3-8)$$

式中:d 为表示备件需求率;T 为备件周转时间或订货时间。

根据 Little 公式,平均等待备件时间可以通过 EBO 除以备件需求率计算得出,即

$$\overline{W} = \frac{EBO}{d} \qquad\qquad (3-9)$$

3.2.2　备件需求率分析与计算

3.2.2.1　故障率与备件需求率关系分析

故障率又称失效率,是产品可靠性的一种基本参数;需求率是表征产品被需求强弱的参数。无论是可修复产品还是不修复产品,其发生故障后通常会引发备件需求,但这并不表示产品故障率等于其备件需求率,这是由多种原因造成的。如果构成系统的各部件寿命均为指数分布,这样可用齐次时间马尔可夫过程描述;但如果部件的寿命时间分布不是指数分布,这时系统所构成的过程不是马尔可夫过程。讨论非马尔可夫可修系统,最常使用的数学工具有更新过程、马尔可夫更新过程和补充变量方法[61]。虽然有很多文献对故障率非恒定情况进行研究,这种情况下产品故障间隔时间不再服从指数分布,但是在绝大多数已经成熟应用的后勤保障分析工具中均假设产品故障率或备件需求率为常数。特别是在多种类型产品、多层次保障组织结构的备件库存优化中均假定产品需求率为常数,如文献[62-65]以及成熟的商品化备件库存优化软件 OPUS10 ®也是采用这种假设。因此,本书在进行备件需求量预测时,均假定产品故障间隔时间服从指数分布。

通常来说,保障性分析研究的对象都是大规模的复杂系统。例如,基本作战单元装备、单架飞机等,这些系统由子系统、部件、零件等组成。为保障上述系统任务的顺利执行,需要对系统中的部分产品储备备件以备不时之需。在绝大多数情况下,故障产品的修复可以通过更换故障子部件完成,而产品是由多

种类型的子产品构成,因此上层产品的备件需求过程是其子产品备件需求过程的叠加。Drenick[66]等人研究了复杂系统故障特征后认为:在常规条件下,多个独立的稳态故障(或需求)过程叠加形成的过程会随着叠加个数的增加逐步趋近于泊松过程,这个结论可以通过 Drenick 定理得到。

定理 3 – 1　给定 $N(i=1,2,\cdots,N)$ 个部件,每个部件的故障过程服从稳态的更新过程且相互独立。令 $F_i(t)$ 表示编号为 i 的产品间隔故障时间分布函数,λ_i 表示故障率,$G_N(t)$ 表示所有部件总的故障分布函数,如果满足条件:

(1) $\lim\limits_{N\to\infty}\sup\limits_{1\leqslant i\leqslant N}\dfrac{\lambda_i}{\sum\limits_{i=1}^{N}\lambda_i}=0$。

(2) 对于所有 i,当 $t\to0$ 时存在 $A>0$ 和 $\sigma>0$ 满足 $F_i(t)\leqslant A\cdot t^{\sigma}$;那么,
$$\lim_{N\to\infty}G_N\left(t/\sum_{i=1}^{N}\lambda_i\right)=1-\mathrm{e}^{-t}\ (t>0)。$$

从上述定理可以看出,只要子产品的故障特征满足条件(1)和条件(2),父产品的备件需求过程可以用泊松分布近似,因而需求率可以看作是常数。

基于 Drenick 定理,Alfredsson[67]等人用仿真技术分别研究了由 100 个和 30 个备件需求过程叠加组成的复合备件需求过程,示例中进行对比分析的故障产品分布函数包括指数分布、威布尔分布、均匀分布,对比评价参数包括备件延期交货量和备件短缺风险。仿真分析表明,在平均故障间隔时间相同条件下产品故障采取上述三种分布函数拟合时,得出的备件延期交货量和备件短缺风险数值差别很小;而当将产品平均故障间隔时间增加或减少 10% 时,上述两个评价参数数值变化较大。因此,本书认为进行备件需求量预测的重点,应该放在提高估算产品平均故障间隔时间的精度而非放在寻找故障产品分布函数方面。另外,泊松过程叠加后仍然是泊松过程,泊松过程分拆后可以产生独立的泊松过程等。泊松过程的这些优点在针对多种类型产品、多层次结构的备件库存优化问题上有非常重要的作用;而对于非泊松过程,很难给出多个过程叠加后的分布函数,非泊松过程方面的研究主要还是局限在单机构、同类型部件情况,在工程实践中可应用性较差。

备件需求率是备件计算模型中的重要参数,备件需求率和系统或产品的维修频率密切相关,维修频率表示系统或产品进行修复性维修或预防性维修的强

度;系统或产品的维修频率不能等同于其备件需求率,因为某些情况下系统或产品的修复可以通过直接维修完成,而非更换维修,因此不产生备件需求。计算备件需求率可用通过计算维修频率得出,但两者并不相同。

系统或产品维修工作可以分为修复性维修和预防性维修两种,维修需求也可相应分为随机性维修需求和周期性维修需求两种类型。维修需求的类型主要由需求的统计特征决定,随机性需求可用泊松过程描述,主要是由于修复性维修引起的;周期性需求可用伯努利过程描述,主要由预防性维修引起。参照维修需求,备件需求也可以分为随机性需求和周期性需求两种类型。

3.2.2.2 备件需求率的计算

在保障系统中,备件定购需求和故障件维修需求都是单向传输的。也就是说,某一个保障机构只会向上级或同级保障机构发出备件定购需求或输出故障件维修需求,而与下级保障机构无关。分析系统备件需求率可以依照从上到下的逐个层次展开,系统故障会引发维修可能会导致系统中 LRU 或 DU 备件需求,而拆卸下来的故障 LRU(DU 属于不可修复产品,不会被维修)在维修过程中可能会引发 SRU 或 DP 等类型产品的备件需求;装备在进行预防性维修活动时虽然可能没有发生故障,但是也会有备件需求,原理同修复性维修类似。

在装备维修(修复性维修和预防性维修)过程中,产生的维修需求会沿着保障组织从下到上在保障机构之间传播,直到所有维修需求被满足为止;在维修需求被逐步满足过程中,各个保障机构中被满足部分的维修需求可能会在当前机构引发备件需求,也可能不会引发备件需求,具体情况需要根据故障件的故障模式和维修保障机构的维修能力而定。

1. 保障机构间的备件需求

保障机构是保障组织的组成部分,是装备部署、进行维修以及备件存放的场所,保障机构根据其维修能力以及是否存放备件可以分为多种类型。在对装备维修保障建模过程中,可依据维修方案对装备维修级别、维修原则、各维修级别的主要工作等描述,抽象构造出装备的维修保障组织结构,如图 3 - 3所示。

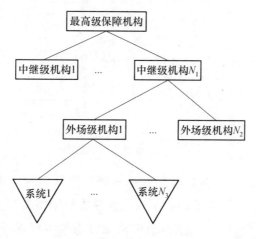

图 3-3 维修保障组织结构图

图 3-3 从上到下可以分为四层:第一层是最高级保障机构,任何到达终极机构可修复产品都会被修复,不可修复产品会被废弃并向生产厂家发出定购需求;第二层是中继级机构,它们接受上级机构提供的备件和维修保障服务,并向下级机构提供备件和维修保障服务;第三层是外场级机构,它们接受中继级机构提供的备件和维修保障服务,并直接面向装备提供备件和维修保障服务;第四层是系统部署和使用地点。

建立保障组织结构后,就可以根据保障机构直接的保障关系计算各机构直接的维修需求和备件需求。当维修需求输入保障机构时,机构根据其维修保障能力对输入的维修需求进行相应的处理。如果保障机构只能满足一部分输入的维修需求,那么没有被满足部分的需求会继续向上传送直到需求满足为止。被处理的维修需求在当前机构会引起三种类型的备件需求:故障产品自身备件需求;故障产品中子产品备件需求;不需要备件。

输入某一个保障机构的维修需求是与此机构相关的所有子机构维修需求之和,如图 3-4 所示。

从保障机构输出的维修需求可能小于输入的维修需求,也有可能大于输入的维修需求,取决于采取的维修类型;如果采取更换维修,更换下来的一个或多个故障子产品可能会在本地维修,也可能会送到更高级别机构进行维修,从而在其他机构产生新的维修需求;如果采取直接维修,就不会产生额外的维修需求。因为维修需求激发备件需求,所以,如果是更换维修,那么必然会在当

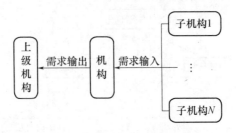

图 3 - 4　备件需求传递图

前机构产生备件需求,送修的故障件也可能在维修机构产生备件需求(是否产生备件需求取决于维修工作类型);而直接维修则不会产生备件需求。令 J 表示机构集,$|J| \geq 1$,如果任意两机构构成使用与维修保障组织层次上的直接上下级关系,那么两机构形成保障关系上的父子关系。令机构 j 的所有子机构构成的集合为 J_j^s,那么 $|J_j^s| \geq 0$,因为机构 j 可能没有子机构也可能有多个子机构。

1) 修复性维修备件需求

修复性维修备件需求主要是由修复性维修工作引起,修复性维修是在产品发生故障后,使其恢复到规定状态所进行的全部活动(GJB 451—90),它解决的是系统随机性故障问题,随机性维修会引发随机性备件需求。输入某一个保障机构的随机性备件需求是与此机构相关的所有子机构随机性备件需求之和,即

$$d_j^r = \sum_{j_s \in J_j^s} d_{j_s}^r = \sum_{j_s = 1}^{|J_j^s|} d_{j_s}^r \qquad (3-10)$$

式中:d_j^r 为机构 j 的随机性备件需求率($j \in J$);$d_{j_s}^r$ 为子机构 j_s 的随机备件需求率($j_s \in J_j^s$)。

2) 预防性维修备件需求

预防性维修备件需求主要是由预防性维修工作引起,预防性维修是通过对产品的系统检查、检测和发现故障征兆以防止故障发生,使其保持在规定状态所进行的全部活动(GJB 451—90),预防性维修会引起周期性备件需求。输入某一个保障机构的周期性备件需求是与此机构相关的所有子机构周期性备件需求之和,即

$$d_j^c = \sum_{j_s \in J_j^s} d_{j_s}^c = \sum_{j_s}^{|J_j^s|} d_{j_s}^c \qquad (3-11)$$

式中：d_j^c 为机构 j 的周期性备件需求率$(j \in J)$；$d_{j_s}^c$ 为子机构 j_s 的周期性备件需求率$(j_s \in J_j^s)$。

2. 系统层次备件需求

系统层次备件需求是指从系统整体角度考虑系统维修和系统需求，把整个系统作为备件储备。从形式上把系统整体作为备件进行考虑时，此时备件需求的满足往往是通过满足系统自身需求来实现，例如，更换系统中的故障 LRU 实现系统的修复。令 M 表示机构中的系统集$(|M| \geq 1)$，由于装备中子系统（LRU、SRU、DU、DP 等除外）在实际的使用与维修过程中不是具体的操作对象，因此，不定义子系统集。

1）修复性维修备件需求

系统修复性维修活动主要是由修复性维修工作引起，各机构中系统随机故障造成的修复性维修活动频率为

$$f_{M,j}^r = \sum_{m \in M} f_m u_m = \sum_{m=1}^{|M|} f_m u_m \qquad (3-12)$$

式中：$f_{M,j}^r$ 为单一机构系统层次总的修复性维修频率；f_m 为系统故障率；u_m 为系统利用率因子。

所有机构中所有系统总的修复性维修频率为

$$f_{M,J}^r = \sum_{j \in J}\left(\sum_{m \in M} f_{m,j} u_{m,j}\right) = \sum_{j=1}^{|J|}\left(\sum_{m=1}^{|M|} f_{m,j} u_{m,j}\right) \qquad (3-13)$$

式中：$f_{M,J}^r$ 为所有机构系统层次总的修复性维修频率；$f_{m,j}$ 为系统在机构 j 的故障率；$u_{m,j}$ 为系统在机构 j 的利用率因子。

故障产品维修类型包括更换维修和直接维修，系统维修活动是否引发系统备件需求，取决于系统维修所采取的维修类型；更换维修引发备件需求而直接维修不会引发备件需求。系统维修引发备件需求的比率和系统故障率以及系统中所有部件故障率之和密切相关。令 I 表示系统中的部件集$(|I| \geq 1)$，系统中所有部件故障率之和占系统故障率比例为

$$p_I^r = \frac{\sum_{i \in I} f_i}{f_m} \qquad (3-14)$$

式中：p_I^r 为系统中所有部件故障率占系统总故障率的百分比；f_i 为部件 i 的故障

率，$i \in I$。

如果系统故障完全由于其部件故障造成，则 $p_I^r = 1$；否则，$p_I^r < 1$，表明系统故障并不都是由于其部件故障造成。例如，部件之间的电磁兼容性能较差影响系统正常功能，可以通过增加屏蔽来恢复系统功能，此时恢复系统功能不需要更换系统中部件。由于部件故障造成的系统故障会产生备件需求；否则，修复系统不会产生备件需求。从统计学的角度来看，在系统修复性维修活动中，产生备件需求的维修活动占总维修活动的比例为 p_I^r，不会产生备件需求的维修活动占总维修活动的比例为 $1 - p_I^r$。

因此，系统修复性维修备件需求率如下：

（1）在单一机构中，有

$$d_{M,j}^r = f_{M,j}^r \cdot p_I^r \tag{3-15}$$

（2）在所有机构中，有

$$d_{M,J}^r = f_{M,J}^r \cdot p_I^r \tag{3-16}$$

式中：$d_{M,j}^r$ 为系统修复性维修备件需求率。

2）预防性维修备件需求

定义系统预防性维修工作项目集 $P(|P| \geqslant 0)$，预防性维修备件需求主要是由预防性维修工作引起，各机构系统预防性维修活动频率为

$$f_{M,j}^c = \sum_{m \in M} \left(\sum_{p \in P} f_p u_m \right) = \sum_{m=1}^{|M|} \sum_{p=1}^{|P|} f_p u_m \tag{3-17}$$

式中：$f_{M,j}^c$ 为各机构中系统总的预防性维修频率；f_p 为系统第 p 项预防性维修工作项目的频率。

f_p 计算方法如下：

（1）当 $\mathrm{MTBPM}_p = 0$ 时，有

$$f_p = 0 \tag{3-18}$$

（2）当 $\mathrm{MTBPM}_p \neq 0$ 且时间统计量为装备使用时间时，有

$$f_p = \frac{1}{\mathrm{MTBPM}_p} \tag{3-19}$$

（3）当 $\mathrm{MTBPM}_p \neq 0$ 且时间统计量为装备日历时间时，有

$$f_p = \frac{1}{\mathrm{MTBPM}_p \cdot u_m} \tag{3-20}$$

从上面的公式可以看出,如果系统平均预防性维修间隔时间为 0,对于这种极端情况,可以认为系统预防性维修频率为 0;如果系统平均预防性维修间隔时间是以装备使用时间累计的,那么系统预防性维修频率为其倒数;如果系统平均预防性维修间隔时间是以装备日历时间度量的,那么系统预防性维修频率为系统平均预防性维修间隔时间与系统平均利用率乘积的倒数。所有机构中所有系统总的预防性维修频率为

$$f_{M,J}^c = \sum_{j \in J} \sum_{m \in M} \sum_{p \in P} f_p \cdot u_m \tag{3-21}$$

3. 产品层次备件需求

1) 修复性维修备件需求

(1) 更换维修备件需求率。在维修机构中对产品或子产品进行更换维修活动会在本地机构或其他机构引起维修需求(拆卸下来的故障产品可能会在本地维修也可能会送到其他机构维修),也可能会引起备件需求。通常情况下,产品故障率等于其更换维修频率,也等于其备件需求率;但在某些情况下,由于故障定位不准确导致在同一修理工作中对非故障产品的误拆或由于其他产品故障引发当前产品发生从属故障,出现多个故障产品或故障子产品需要进行更换情况,此时产品修复性维修频率不等于其所有子产品备件需求率之和,即

$$f_i^r \neq \sum_{g \in I_i^s} D_{g,i}^r \tag{3-22}$$

式中:f_i^r 为产品 i 的修复性维修频率;I_i^s 为产品 i 的所有子产品集合($|I_i^s| \geq 0$);$D_{g,i}^r$ 为产品 i 中编号为 g 的子产品的修复性维修备件需求率。

可以用拆卸率因子 r 表示建立二者之间的关系。r_i 表示产品 i 在装备实际使用过程中被更换的次数和其故障率的比值。很明显,在故障定位准确或不发生从属故障情况下,$r_i = 1$;而在故障定位不准或发生从属故障情况下,$r_i > 1$,这是因为故障定位不准会导致单个子产品发生故障情况下多个子产品被更换。而发生从属故障发生时会有多个子产品同时发生故障,因此也需要对这些故障产品进行更换维修。例如,某个子产品故障导致其他子产品故障或子产品故障是由于外来原因造成的,r 的计算主要分两种情况进行考虑,即故障定位不准确、从属故障。

假设某 $SRU_{g,i}(i \in I_i^s)$ 是 $LRU_i(i \in I)$ 中的子产品,$SRU_{g,i}$ 的故障率为 $f_{g,i}^r$。下面,分别对故障定位不准确和从属故障两种情况对 $SRU_{g,i}$ 的备件需求率进行

讨论。

① 故障定位不准确。令 $P_r\{SRU_{g,i}|SRU_{k,i}\}$ 为 $SRU_{k,i}(k \in I_i^s)$ 故障时 $SRU_{g,i}$ 被更换的概率,那么在 LRU_i 修复性维修过程中 $SRU_{g,i}$ 被更换的频率为 $\sum\limits_{k \in I_i^s} f_{k,i}^r \cdot P_r\{SRU_{g,i}|SRU_{k,i}\}(i \neq g)$,式中 $f_{k,i}^r$ 为 $SRU_{k,i}$ 的故障率,那么 $SRU_{g,i}$ 的更换率为

$$r_{g,i} = 1 + \frac{\sum\limits_{k \in I_i^s} f_k^r \cdot P_r\{SRU_{g,i}|SRU_{k,i}\}}{f_{g,i}^r} \qquad (3-23)$$

假设某 $LRU_i(i \in I)$ 中包含三个子产品,分别为 SRU_1、SRU_2、SRU_3;LRU_i、SRU_1、SRU_2、SRU_3 的故障率分为 f_i^r、$f_{1,i}^r$、$f_{2,i}^r$ 和 $f_{3,i}^r$。LRU_i 发生故障不是由于 $SRU_i(i=1,2,3)$ 故障引起部分的发生频率为 $f_{0,i}^r$,则

$$f_i^r = f_{0,i}^r + f_{1,i}^r + f_{2,i}^r + f_{3,i}^r \qquad (3-24)$$

如果 SRU_1 发生故障时的故障隔离率为 0.9,采取的维修方案是同时更换 SRU_1 和 SRU_2,即 $P_r\{SRU_2|SRU_1\} = 0.1$;SRU_2 发生相同情形的故障隔离率为 0.8,即 $P_r\{SRU_1|SRU_2\} = 0.2$;而 SRU_3 故障可以精确定位,即故障隔离率为1。那么 SRU_1、SRU_2、SRU_3 的拆卸率分别为

$$\begin{cases} \overline{f_{1,i}^r} = f_{1,i}^r + P_r\{SRU_1|SRU_2\} \cdot f_{2,i}^r = f_{2,i}^r + 0.2 \cdot f_{2,i}^r \\ \overline{f_{2,i}^r} = f_{2,i}^r + P_r\{SRU_2|SRU_1\} \cdot f_{1,i}^r = f_{2,i}^r + 0.1 \cdot f_{1,i}^r \\ \overline{f_{3,i}^r} = f_{3,i}^r \end{cases} \qquad (3-25)$$

式中:$\overline{f_{1,i}^r}$ 为 SRU_1 的拆卸率;$\overline{f_{2,i}^r}$ 为 SRU_2 的拆卸率;$\overline{f_{3,i}^r}$ 为 SRU_3 的拆卸率。

SRU_1、SRU_2、SRU_3 的更换率因子分别为

$$\begin{cases} r_{1,i} = \dfrac{f_{1,i}^r + 0.2 \cdot f_{2,i}^r}{f_{1,i}^r} \\ r_{2,i} = \dfrac{f_{2,i}^r + 0.1 \cdot f_{1,i}^r}{f_{2,i}^r} \\ r_{3,i} = 1 \end{cases} \qquad (3-26)$$

② 从属故障。如果产品故障能够精确定位,但会发生从属故障。令 $P_r\{SRU_{n,i}|SRU_{m,i}\}(m,n \in I_i^s, m \neq n)$ 表示 $SRU_{m,i}$ 故障时 $SRU_{n,i}$ 发生故障的概率,

那么 $SRU_{n,i}$ 的实际故障率为

$$f_{n,i}^r + \sum_{m \in I_i^s} P_r \{ SRU_n | SRU_m \} \cdot f_{m,i}^r \qquad (3-27)$$

式中：$f_{n,i}^r$ 为 $SRU_{n,i}$ 的故障率。

因此 $SRU_{n,i}$ 的更换率因子为

$$r_{n,i} = 1 + \frac{\sum\limits_{m \in I_i^s} P_r \{ SRU_{n,i} | SRU_{m,i} \} \cdot f_{m,i}^r}{f_{n,i}^r} \qquad (3-28)$$

部件发生从属故障的概率可以运用 FMECA 分析得出。如果 $SRU_{m,i}$ 所有故障模式中引起 $SRU_{n,i}$ 故障的故障模式集合为 $F(|F| \geqslant 1)$，第 g 种故障模式的频数比为 α_g，那么，$SRU_{m,i}$ 故障时 $SRU_{n,i}$ 发生故障的概率 $P_r \{ SRU_{n,i} | SRU_{m,i} \} = \sum\limits_{g=1}^{|F|} \alpha_g$。

例如，如果 SRU_1 故障会导致 SRU_2 和 SRU_3 故障，即 $P_r \{ SRU_2 | SRU_1 = 0.1$，$P_r \{ SRU_3 | SRU_1 \} = 1$；$SRU_2$ 故障导致 SRU_3 故障的概率为 50%，即 $P_r \{ SRU_3 | SRU_2 = 0.5 \}$。$SRU_1$、$SRU_2$、$SRU_3$ 的拆卸率分别为

$$\begin{cases} \overline{f_{1,i}^r} = f_{1,i}^r \\ \overline{f_{2,i}^r} = f_{2,i}^r + P_r \{ SRU_2 | SRU_1 \} \cdot f_{1,i}^r = f_{2,i}^r + 0.1 \cdot f_{1,i}^r \\ \overline{f_{3,i}^r} = f_{3,i}^r + P_r \{ SRU_3 | SRU_1 \} \cdot f_{1,i}^r + P_r \{ SRU_3 | SRU_2 \} \cdot f_{2,i}^r = f_{3,i}^r + f_{1,i}^r + 0.5 \cdot f_{2,i}^r \end{cases}$$

$$(3-29)$$

SRU_1、SRU_2、SRU_3 的拆卸率因子分别为

$$\begin{cases} r_{1,i} = 1 \\ r_{2,i} = \dfrac{f_{2,i}^r + 0.1 \cdot f_{1,i}^r}{f_{2,i}^r} \\ r_{3,i} = \dfrac{f_{3,i}^r + f_{1,i}^r + 0.5 \cdot f_{2,i}^r}{f_{3,i}^r} \end{cases} \qquad (3-30)$$

（2）直接维修备件需求。产品在直接维修过程中恢复故障状态不是通过更换故障子产品实现的，因此，在直接维修过程中不需要备件。

2）预防性维修备件需求

产品预防性维修活动频率计算公式为

$$f_i^c = \sum_{j \in J} \sum_{m \in M} \sum_{p \in P} f_{p,i}^c \cdot Q_{m,i} \cdot u_i \cdot Q_{j,m} \cdot Q_j \cdot r_p^i \qquad (3-31)$$

式中：$f_{p,i}^c$ 为产品 i 周期性维修频率；$Q_{m,i}$ 为系统中相同产品数量或产品中相同子产品数量；u_i 为产品（子产品）利用率因子；$Q_{j,m}$ 为机构 j 中系统 m 的数量；Q_j 为机构 j 的数量；r_p^i 为产品 i 的预防性维修更换率。

如果同一个型号装备中相同部件在使用过程中的任务时间不同，那么只需在式(3-31)中将不同利用率的相同部件分类考虑并将乘积累加，累加结果代替式(3-31)中的 $Q_{m,i} \cdot u_i$ 即可。

$f_{p,i}^c$ 的计算方法如下：

① $\mathrm{MTBPM}_{p,i} = 0$ 时，有

$$f_{p,i}^c = 0 \qquad (3-32)$$

② $\mathrm{MTBPM}_{p,i} \neq 0$ 且时间统计量为装备使用时间时，有

$$f_{p,i}^c = \frac{1}{\mathrm{MTBPM}_{p,i}} \qquad (3-33)$$

③ $\mathrm{MTBPM}_p \neq 0$ 且时间统计量为装备日历时间时，有

$$f_{p,i}^c = \frac{1}{\mathrm{MTBPM}_p \cdot u_i} \qquad (3-34)$$

3.2.3　备件需求量计算

分配到部件上的备件保障指标要求是个综合指标，该指标是对修复性维修备件保障和预防性维修备件保障的综合要求。因此，需要将装备或部件修复性维修备件需求和预防性维修备件需求进行综合，这样才能根据备件保障指标要求运用解析模型进行备件需求量计算。

装备及其产品总的备件需求是修复性维修和预防性维修备件需求共同作用的结果。设 ξ 和 η 是相互独立的非负整数值随机变量，装备及其产品修复性维修备件需求分布为 $P_r(x)$，预防性维修备件需求分布函数为 $P_c(x)$，那么

$$P(\xi + \eta = n) = \sum_{\xi=0}^{n} P_c(\xi) \cdot P_r(n-\xi) \qquad (3-35)$$

根据预防性维修备件需求特点，可以用伯努利分布（二项分布）模拟其备件需求过程，即

$$P_c(n) = \begin{cases} 1 - q & n = k \\ q & n = k + 1 \\ 0 & \text{其他} \end{cases} \tag{3-36}$$

给定预防性维修备件需求量均值为 m 时，k 和 q 的计算公式为

$$\begin{cases} k \leqslant m < k + 1 \\ m = q + k \end{cases} \tag{3-37}$$

式(3-37)表示备件需求量为 k 的概率为 $1-q$；需求量为 $k+1$ 的概率为 q；而需求量为其他值时概率为 0。

1. 备件保障概率计算模型

综合上述两种备件需求，运用卷积定理可以得到基于备件保障概率的备件需求量计算模型，即

$$P(n) = \sum_{x=0}^{n} P_c(x) \cdot P_r(n - x)$$

$$= P_c(k) \cdot P_r(n-k) + P_c(k+1) \cdot P_r(n-k-1) + \sum_{x=0, x \neq k, x \neq k+1}^{n} P_c(x) \cdot P_r(n-x)$$

$$= (1 - q) \cdot e^{-dt} \cdot \sum_{x=0}^{n-k} \frac{(dt)^x}{x!} + q \cdot e^{-dt} \cdot \sum_{x=0}^{n-k-1} \frac{(dt)^x}{x!} + 0 \cdot P_r(n-x)$$

$$= (1 - q) \cdot e^{-dt} \cdot \sum_{x=0}^{n-k} \frac{(dt)^x}{x!} + q \cdot e^{-dt} \cdot \sum_{x=0}^{n-k-1} \frac{(dt)^x}{x!} \tag{3-38}$$

根据式(3-38)就可以得到在考虑装备修复性维修和预防性维修情况下，达到规定的备件保障概率所需储备的备件数量。

2. 平均等待备件时间计算模型

将卷积定理代入平均等待备件时间计算模型，可得

$$\text{EBO} = \sum_{x=S+1}^{\infty} (x - S) \cdot P(x \mid \mu T) = \sum_{x=S+1}^{\infty} (x - S) \cdot \left(\sum_{k=0}^{x} P_c(k) \cdot P_r(x - k) \right)$$

$$= \sum_{x=S+1}^{\infty} (x - S) \cdot \left[(1 - q) \cdot e^{-dt} \cdot \sum_{x=0}^{n-k} \frac{(dt)^x}{x!} + q \cdot e^{-dt} \cdot \sum_{x=0}^{n-k-1} \frac{(dt)^x}{x!} \right]$$

$$\tag{3-39}$$

根据式(3-39)就可以得到在考虑装备修复性维修和预防性维修情况下，达到规定的备件保障概率所需储备的备件数量。

3.3　本章小结

本章选取重要性、互换性、单价、保障要求满足程度四个重要指标作为确定备件品种需求的重要指标,给出了具体确定的方法、步骤;建立了基于备件保障概率和平均等待备件时间的备件需求量计算模型,从粗到细分别给出了站点、装备及部件的修复性维修和预防性维修备件需求率计算方法。

第4章 装备维修保障设备/
工具需求预测技术

装备保障设备/工具是装备维修保障过程中维修保障人员所需使用的器具,是装备维修保障的重要物质基础。装备维修保障过程中,维修保障设备/工具的需求量非常大,同时一些维修保障设备/工具具有成本高、体积大和重量大等特性。通过合理预测装备维修保障设备/工具的需求数量,不仅可以提高资源的使用效率,降低维修保障设备/工具的闲置浪费,减少装备维修保障的总成本,而且对于有效控制维修保障力量的规模,提高维修保障力量的机动性、灵活性有着重要的作用。

4.1 装备维修保障设备/工具品种需求的确定

4.1.1 装备维修保障设备/工具品种确定的基本原则

维修保障设备/工具品种需求的确定工作始于装备的方案论证阶段,并在工程研制阶段逐步确定下来。在武器装备保障方案确定后,各级别维修保障力量应承担的维修保障工作类型已经明确。各级维修保障力量为具备相应的维修保障能力就必须配备相应的维修保障资源,其中就包含维修保障设备/工具,即维修保障设备/工具的品种是与维修保障力量所承担的维修保障任务种类相关的,而其数量则是与相应维修保障任务的强度相关联的。维修保障设备/工具品种确定的基本原则,也就是在装备研制阶段配套装备维修保障设备/工具的基本原则,即在满足维修保障的功能需要的基础上,应遵循以下原则。

(1)优先选用通用保障设备。为保证减少保障设备的品种,增加保障设备的利用率和使用效率,应尽量选用通用的保障设备,减少专用保障设备的品种。

(2)优先选用现役装备的保障设备,以保障新装备的保障需要。在保障设备品种的选择上,应从部队现役装备保障设备目录清单中选择可用的保障设备,以保证部队现有的保障设备能完成新装备保障工作的需要,保证使用较少的现有保障设备,满足保障方面的需求。

(3)如果现役装备的保障设备满足不了保障工作任务的需要,应考虑通过对其改进来提高其使用性能,但前提是改进费用必须在可承受的范围之内。

(4)如果现役装备保障设备或经过改进的保障设备不能满足保障工作任务的需要,在新研制保障设备之前,首先要考虑选用与之相适应的、市场上可以购买的民用设备,这样的设备大多数是通用的,而且是成熟的,既可缩短保障设备的研制周期,也可降低保障设备的研制风险。

(5)如果民用设备仍然满足不了保障工作任务的需要,则可以考虑对其进行改进。

(6)如果在以上原则的基础上,各种保障设备的考虑都无法满足保障工作任务的需要,这时才需要进行保障设备的研制工作。

根据以上原则,在确定保障设备品种时,应首先选用通用的保障设备,以保证保障设备的通用化;然后再考虑选用现役装备保障设备或市场上成熟的产品;最后考虑新研保障设备的问题,以保证保障设备的成熟性和低风险率,保证保障设备的利用率,保证部队用较少的保障设备完成对多种装备的保障工作。

4.1.2 装备维修保障设备/工具品种需求确定方法

装备维修保障设备/工具的品种是由所需完成的维修保障任务决定的,有什么样的维修保障任务就必须配备与之对应的维修保障设备/工具。维修保障任务的维修保障设备/工具种类需求是在装备论证、研制过程中确定的,其确定流程主要包括三大步骤,如图4-1所示。

1. 制定初步维修保障设备/工具品种需求目录

此步骤主要是利用武器装备研制过程中的工程继承性,根据武器装备或系统的维修保障设备/工具需求制定初步的维修保障设备/工具的品种需求目录。

(1)相似比较分析。根据武器装备或其分系统的组成及主要参数(硬件结构、主要参数、软件设计、系统使用环境等)进行相似比较分析,寻找与新研武器装备或系统相似的武器装备或系统。

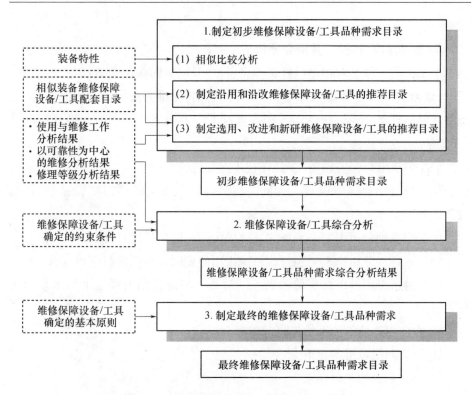

图 4-1　维修保障设备/工具品种需求确定流程

（2）制定沿用和沿改维修保障设备/工具的推荐目录。采用使用/维修分析、以可靠性为中心的维修分析和修理等级分析等方法,对新研武器装备或分系统进行详细的维修工作分析,并将新研武器装备或分系统的维修工作与相似武器装备或系统的维修工作进行对比。根据相似武器装备或系统的维修保障设备/工具配套目录,推荐新研武器装备的各维修工作对应的沿用或沿改维修保障设备/工具,制定沿用或沿改维修保障设备/工具的推荐目录。

（3）制定选用、改进和新研维修保障设备/工具的推荐目录。针对那些没有采用沿用或沿改维修保障设备/工具的维修工作,进行维修保障设备/工具的配置分析,确定所需维修保障设备/工具的功能、主要参数,并按照通用性划定所需维修保障设备/工具的类型。根据确定的维修保障设备/工具特性,在部队现有维修保障设备/工具中进行匹配,选定改进或选用的维修保障设备/工具;对于现有维修保障设备/工具不能满足需求时,则考虑新研制维修保障设备/

工具。

2. 维修保障设备/工具综合分析

本步骤的工作是对初步维修保障设备/工具品种需求清单进行筛选、合并、综合,逐个分析每个维修保障设备/工具,考虑其在维修或使用中的必要性,如某维修保障设备/工具可有可无,则参考以下内容确定是否删除该维修保障设备/工具。

(1)分析维修保障设备/工具在技术上实施的可行性。

(2)分析维修保障设备/工具的费用,确定配备该维修保障设备/工具的效益。

(3)对各种分析中同一装备或系统提出的相同项目进行合并。

(4)对各种分析中不同装备或系统提出的相同或相似项目进行综合。

(5)分析提出的维修保障设备/工具,是否满足使用方提出的战术技术指标要求。

① 在使用环境下的平均停机间隔时间。

② 维修和保障费用要求。

③ 维修人力和工时要求。

④ 各维修等级的系统可修复故障指标百分数。

⑤ 人员技术水平要求。

3. 制定最终的维修保障设备/工具品种需求

针对上一步确定的维修保障设备/工具品种需求清单,根据维修保障设备/工具品种确定原则,制定最终的维修保障设备/工具品种需求清单。主要包括以下工作。

(1)首先选用可以沿用或沿改的维修保障设备/工具。

(2)如果沿用或沿改的维修保障设备/工具不能满足需求,可选用部队现有其他武器装备的维修保障设备/工具。

(3)如果经过前面的两个步骤,筛选出的维修保障设备/工具仍不能满足需求,则可考虑选用市场上可以采购的通用设备/工具。

(4)如果经过前面的三个步骤,筛选出的维修保障设备/工具仍不能满足需求,则可考虑对部队现有维修保障设备/工具进行改进。

(5)如果以上几条均不能满足要求,则应研制新的维修保障设备/工具。

4.2　装备维修保障设备/工具数量需求预测

由于维修保障设备/工具种类较多,不同种类的设备/工具在数量配备时所遵从的配备原则不尽相同,导致最终配备的数量大相径庭。为此,本书在介绍具体的维修保障设备/工具数量需求预测方法前,首先对其数量配备的基本原则进行介绍;进而对目前常用的数量需求预测方法进行介绍;最后重点对基于排队论的装备维修保障设备/工具数量需求预测方法进行介绍。

4.2.1　装备维修保障设备/工具数量配备的基本原则

由于维修保障设备/工具涉及的品种多、数量大,不同种类的设备/工具在体积、重量、成本等基本属性方面差异较大,例如,万用表、扳手等的体积较小,便于携带,同时成本较低;而吊车、喷涂设备等的体积较大,成本较高,同时也不便于携运。因此,配备维修保障设备/工具时,应充分考虑不同种类维修保障资源的基本属性,在保证完成维修保障任务的前提下,尽量降低维修保障力量的规模(维修保障力量规模通常按照维修保障资源的数量、重量或体积衡量),减少维修资源投入的总成本。为此,在维修保障设备/工具数量配备时,主要考虑维修保障设备/工具的通用性、费用、体积、重量等因素,确定以下数量配备原则。

(1) 对于通用性较强,使用频率较高,单个成本较低,体积较小的设备/工具,可以考虑"按人员配备"(维修保障任务由专业的维修保障人员完成时)或"按装备配"(维修保障任务由装备的使用操作人员完成时),即按照维修保障人员数量或武器装备数量配备。这些设备/工具在装备维修保障过程中使用频率较高,按人员数量或武器装备数量进行配备可以提高维修保障效率,确保维修过程不会因为这些设备/工具的缺少而延误;同时即使大量配备这类设备/工具,由于设备/工具的成本较低、体积较小、便于单兵携带,不会造成维修保障力量规模和维修保障成本的急剧增加。显然,对于此类设备/工具而言,"按人员配备"或"按装备配备"所带来的利大于弊。

(2) 对于通用性一般,但成本偏高,或是体积偏大的设备/工具,可以考虑"按维修保障单元/小组配备"。这些设备工具只在某些维修活动中需要使用,但缺少这些设备维修保障单元/小组又无法完成指定的维修保障任务,为确保维修保障单元/小组顺利完成维修保障任务,同时避免维修保障设备配置过多造成资源闲置浪费,或者维修保障资源的规模过大造成的维修保障力量机动性能下降,这类资源应按照维修保障单元/小组的数量配备。

(3) 对于通用性不强、成本较高或体积较大的维修保障设备/工具而言,则应"按需配备"。只有这样才能在确保维修保障任务顺利实施的前提下,提高维修保障设备/工具的使用效率,降低维修保障资源总投入,同时达到合理控制维修保障力量总规模的目的。

4.2.2 装备保障设备/工具需求数量预测方法概述

装备维修保障设备/工具需求数量预测主要可分为两大类:定性方法和定量方法。在具体应用过程中,需要根据实际所能获取的数据情况决定采用何种方法。

1. 定性方法

定性方法即按照装备维修保障设备/工具的配备原则,结合武器装备和部队编制情况,按照一定的比例确定装备维修保障设备/工具需求数量的方法。

(1) 当第 i 类维修保障设备/工具采取"按人员配备"或"按装备配备"的原则配备时,维修保障设备/工具的需求数量 S_i 的计算公式为

$$S_i = \sum_{j=1}^{J} \alpha_{ij} M_j \qquad (4-1)$$

或

$$S_i = \sum_{k=1}^{K} \alpha_{ik} E_k \qquad (4-2)$$

式中:S_i 为第 i 类维修保障设备/工具需求数量;α_{ij} 为第 i 类维修保障设备/工具与第 j 类维修保障人员的配套比率;J 为装备维修保障人员种类数量;M_j 为第 j 类需要使用第 i 类维修保障设备/工具的维修保障人员数量;α_{ik} 为第 i 类维修保障设备/工具与第 k 类武器装备的配套比率;E_k 为第 k 类武器装备数量;K 为维修保障机构所需保障的武器装备的种类数量。

(2) 当第 i 类维修保障设备/工具采取"按维修保障单元/小组配备"的原则配备时,维修保障设备/工具的需求数量 S_i 的计算公式为

$$S_i = \sum_{h=1}^{H} \sigma_{ih} \cdot N_h \qquad\qquad (4-3)$$

式中:σ_{ih}为第 i 类维修保障设备/工具与第 h 类维修保障单元/小组的配套比率,如每一第 h 类维修保障单元/小组需配备三个第 i 类维修保障设备/工具,则 $\sigma_{ih}=3$;N_h为第 h 类维修保障单元/小组的数量;H 为维修保障单元/小组的种类数量。

在运用定性方法时,各种维修保障设备/工具需要按照何种原则进行配备是该类方法的核心问题,一般情况下,需要咨询相关领域的专家,根据其经验进行判断。同时,σ_{ih}也需要根据经验确定,如遇到多个第 h 类维修保障单元/小组需共用一个第 i 类维修保障设备/工具时,σ_{ih} 则可以是小于 1 的分数,这种情况下如计算出的S_i值带有小数,相应数值则需向上取整。

2. 定量方法

定量方法是采取"按需配备"原则进行维修保障设备/工具数量配备时,才可采用的方法。在当前越来越注重精确化保障的现代作战中,采用定量方法进行维修保障设备/工具的需求数量预测的研究及应用也随之增多。目前,常用的定量方法主要有利用率法、相似系统法、专家估算法和排队论法。这些方法都有自己的适用范围,利用率法及排队论法科学而严谨,但需要有比较详细具体的信息与数据;相似系统法及专家估算法适用于维修保障相关数据缺乏或不完整的情况。下面将逐一介绍这些方法。

1)利用率法

利用率法的中心思想是,按照一定的利用率配备维修保障设备/工具的数量。利用率太低,维修保障设备/工具经常处于闲置状态;利用率太高,有些需要保障的装备经常处于等待状态。通过利用率的思想确定保障设备的数量既要充分利用使用与维修工作分析的结果,考虑预防性维修和修复性维修对保障设备利用的需求。

根据上述的分析,可得出利用率法计算维修保障设备/工具的基本原理:针对某一特定的任务时间阶段,估算或统计武器装备预防性维修/故障等原因需要使用维修保障设备/工具的使用时间,再与该类维修保障设备/工具在该任务阶段内可用的总时间进行比较,按照一定的利用率要求,即可确定维修保障设备/工具的数量。基本步骤如图 4-2 所示。

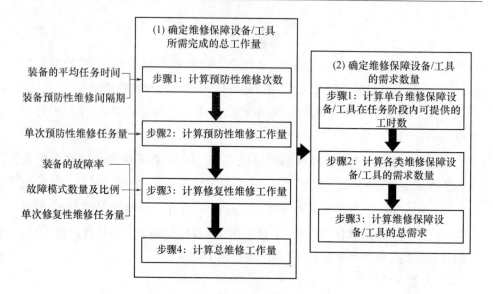

图 4 - 2 利用率法基本步骤

（1）确定某类维修保障设备/工具所需完成的总工作量。维修保障设备/工具所需完成的工作主要包括预防性维修任务和修复性维修任务。因此，应分别计算这两类维修保障任务所需的工作量，进而汇总得出总工作量。

步骤 1：计算预防性维修次数。在进行了维修工作的归并、确定了维修间隔后，各类装备在某修理保障机构的维修次数可以根据下式确定，即

$$N_k^P = M_k T_k / t_k^P \qquad (4-4)$$

式中：N_k^P 为第 k 类武器装备在该维修保障机构进行预防性维修的次数；M_k 为第 k 类武器装备的数量；T_k 为第 k 类武器装备的平均任务时间（一般装甲装备为摩托小时，火炮、枪械为发射发数，飞机、直升机等为飞行小时）；t_k^P 为第 k 类武器装备在该维修保障机构进行预防性维修的间隔期。

步骤 2：计算预防性维修工作量。计算公式为

$$T_i^P = \sum_{k=1}^{K} N_k^P t_{ik}^P \qquad (4-5)$$

式中：T_i^P 为第 i 类维修保障设备/工具需完成的预防性维修工作量；t_{ik}^P 为第 k 类武器装备进行一次预防性维修需要第 i 类维修保障设备/工具完成的工时数。

步骤 3：计算修复性维修工作量。计算公式为

$$T_i^C = \sum_{k=1}^{K} \sum_{l=1}^{L_k} M_k \, \lambda_k \, \theta_{kl} \, t_{kli}^C \qquad (4-6)$$

式中：T_i^C 为第 i 类维修保障设备/工具需完成的修复性维修工作量；λ_k 为任务阶段内，第 k 类武器装备的故障率；θ_{kl} 为第 k 类武器装备发生第 l 类故障模式的频率比，$\sum_{l=1}^{L_k} \theta_{kl} = 1$；$L_k$ 为第 k 类武器装备的故障模式数量；t_{kli}^C 为第 k 类武器装备第 l 类故障修复一次需要第 i 类维修保障设备/工具完成的工时数。

步骤 4：计算总维修工作量。计算公式为

$$T_i^D = T_i^C + T_i^P \qquad (4-7)$$

式中：T_i^D 为第 i 类武器装备/工具所需完成的总维修工作量。

（2）确定维修保障设备/工具的需求数量。

步骤 1：计算单台维修保障设备/工具在任务阶段内可提供的工时数。考虑到任务阶段内可用于维修保障的时间，以及各类维修保障设备/工具故障、停机等不可用因素，综合估算出单台维修保障设备/工具可提供的维修工时；同时，还需要考虑由于维修工作的并行问题，造成维修保障设备/工具的不可用时间：

$$t_i^S = Md(1 - \mu_1) \cdot (1 - \mu_2) \qquad (4-8)$$

式中：t_i^S 为在任务期间内，第 i 类维修保障设备/工具可提供的维修工时数；M 为在任务期间内，可用的工作天数；d 为每天工作小时数（平时一般取值为 8，战时一般取值为 16~20）；μ_1 为调整系数，由于维修保障设备/工具故障、停机等原因造成不可用时间占总时间的比例；μ_2 为调整系数，由于维修工作并行进行，造成维修保障设备/工具空闲时间占总时间的比例。

步骤 2：计算各类维修保障设备/工具的需求数量。计算公式为

$$S_i = T_i^D / t_i^S \qquad (4-9)$$

步骤 3：计算维修保障设备/工具的总需求。通常用质量或体积来衡量维修保障设备/工具的总需求或总规模，也有将其转化为运输所需运输工具的数量来进行衡量的，本书中指提供计算质量和体积的公式，读者可根据需要进行换算。

采取上述方法即可计算出每一种维修保障设备/工具的需求数量，再结合各类维修保障设备的体积和质量等特征，就可计算全部维修保障设备/工具的总体积和总质量，即

$$V = S_i \cdot V_i \tag{4 - 10}$$

$$Q = S_i \cdot Q_i \tag{4 - 11}$$

式中：V 为所需维修保障设备/工具的总体积；V_i 为单一第 i 类维修保障设备/工具的体积；Q 为所需维修保障设备/工具的总质量；Q_i 为单一第 i 类维修保障设备/工具的质量。

2）相似系统法

相似系统法有时也称为类比法或相似产品法。由于装备研制与发展具有较强的继承性，因此，在确定装备作战单元的维修保障设备/工具需求时，可从相同或相似型号装备作战单元在过去使用或作战任务中的维修保障设备/工具需求情况开始，通过对比分析加以确定。其基本思路是：首先选择与装备作战单元相同、相似，或是与装备作战单元所含武器装备甚至是武器装备的功能系统相同或相似的基准比较系统，根据基准比较系统以往任务过程中的维修保障设备/工具需求情况，确定装备作战单元所需的维修保障设备/工具情况。该方法简易可行、便于操作和工程化使用；同时，在缺少必要的信息与数据，仅凭定性的分析方法确定维修保障设备/工具较为困难且易产生较大误差时，该种方法具有较大的优势。

在选取整个装备作战单元作为相似系统进行对比较为困难时，可以单一装备或某一功能系统的基准比较系统作为相似系统。例如，装备 A 与装备作战单元中某装备相似，装备 B 的某一功能系统与装备作战单元中某装备的功能系统相似等，可将装备 A 与装备 B 上的该功能系统构成的组合系统，作为一个基准比较系统进行比较分析。

在采取相似系统法确定维修保障设备/工具数量时，既要考虑各维修级别的划分，又要考虑到各保障专业的划分。如装甲装备在使用部队可根据随车工具、基层级、中继级三个方面，以及保障专业确定与配备障设备数量。

利用相似系统法确定维修保障设备/工具的需求时，不仅要考虑装备作战单元自身装备类型、装备结构、装备功能等的相似性，还要考虑装备作战单元所执行的使用/作战任务（包括装备使用强度、使用/作战环境、任务持续时间、装备保障要求等）和装备保障系统（包括保障系统的级别划分、任务区分等）的相似性，才能从保障工作量相似的角度科学确定维修保障设备/工具需求。这些因素直接影响着使用与维修保障工作量的相似，也就决定了维修保障设备/工具需求的多少。相似系统法的基本方法将在第 5 章中进行详细的介绍,此处不再赘述。

3) 专家估算法

专家估算法的实质是利用装备保障领域专家和权威人士的实践经验,确定装备作战单元的维修保障设备/工具需求。该方法是在确定了装备维修保障方案,并基本掌握了装备维修保障工作内容及工作量的基础上,邀请一些在维修保障方面积累了丰富经验的专家和权威人士,对已经确定的维修工作进行分析、判定,确定维修保障设备/工具的需求情况。

用专家估算法确定保障设备的数量主要分为三个阶段,第一阶段要求各位专家分析部队现有的专业划分,确定是否能满足目前的维修保障工作的需求,是否需要设立新的保障专业,从而确定所有的专业类别;第二阶段是确定各专业所需的保障设备数量;第三阶段是在已确定了各专业保障设备需求的基础上,确定各维修级别上所需的保障设备的数量。

专家估算法多采用德尔菲法,并借用计算机联网实施。各位专家以匿名方式登录网络系统在线打分,各专家之间可以在网上相互借鉴、相互启发,但又互不影响,从而可保证估算过程的相对独立性,在一定基础上可保证估算结果的准确性和真实性。

4) 排队论法

当对维修保障设备的服务需求是一个随机过程时,即武器装备出现故障后需要维修时,到达维修机构的时间是一个随机过程时,确定维修保障设备/工具的数量可利用排队论法。

利用排队论法确定维修保障设备/工具的数量是有条件的,要求武器装备出现故障的多少与时间的起点无关,与统计时间的长短有关;在不相重叠的区间内武器装备出现的故障是相互独立的;对于充分小的时间 Δt,在区间 $(t, t + \Delta t)$ 内有一个武器装备出现故障的概率与 t 无关,与 Δt 成正比;对于充分小的时间 Δt,有两个或两个以上武器装备出现故障的概率可以忽略不计。在这种情况下可利用排队论,在排队长或等待时间有一定要求的前提下,可以确定维修保障设备/工具的数量。

在装备的维修事件中,对于修复性维修,由于产品故障规律基本符合上述条件,可以用排队论的方法确定满足修复性维修需要的保障设备/工具数量。

但是,对于预防性维修,由于武器装备故障规律基本不符合上述条件,因此,无法用排队论方法确定维修保障设备/工具数量。可见,使用排队论法确定满足装备修复性和预防性维修需要的总的保障设备数量是不合适的,也是不科学的。

但是,如果部队执行某一任务过程中,装备出现故障是偶然的,只存在着修复性维修保障工作,而没有预防性的维修保障工作,在这种情况下,需要的保障设备数量可以通过排队论法计算得到。如果部队执行某一任务过程中,装备出现故障是偶然的,需要携行的保障设备的数量可以通过排队论法计算得到。

下面将针对该方法进行详细介绍。

4.2.3 基于排队理论的装备维修保障设备/工具数量需求预测方法

利用排队理论预测维修保障设备/工具需求数量,就是将维修保障设备/工具、装备的修复时间、等待修理的故障装备数量等参数,与排队论中的相应变量对应起来,通过排队论建立相关变量之间的关系,进而针对不同的背景,研究相应问题的解决办法。

(1)将故障装备视为排队等待的顾客,故障装备的产生速度就是顾客的到达速率。

(2)将维修保障设备/工具视为服务台,维修保障设备/工具的种类、数量就是排队系统中服务台的种类和数量,服务台的利用率就是各类维修保障设备/工具的利用率。

(3)将故障装备维修的过程视为排队通过维修保障设备/工具的过程,服务台的服务时间就是故障装备修理过程中占用维修保障设备/工具的时间。

(4)故障装备排队等待维修保障设备/工具的数量就是排队等待的队长。

(5)故障装备的修复时间则为排队时间。

1. 装备维修排队的典型结构分析

在维修工作分析及修理级别分析时,往往根据维修任务的难易程度进行维修任务的分配,维修任务所要求的技术能力越高、维修的工艺流程越复杂,相应的维修力量级别越高。各修理级别承担的维修任务不同,其维修过程不同,导致装备的维修排队过程也不尽相同。本书选择典型的维修排队结构进行分析,各种复杂的维修排队结构均可由典型的维修排队结构组合而成。

1) 单类维修保障设备/工具的维修排队结构

单类维修保障设备/工具的维修排队结构,是指使用到多个同种类维修保障设备/工具的维修过程。这种结构是最简单、最基本的维修排队结构,如图4-3所示。

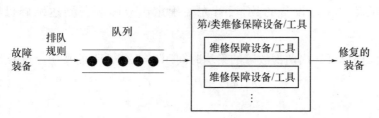

图4-3　单类维修保障设备/工具的维修排队结构示意图

故障装备到达维修机构后,按照一定的服务规则,在某类维修保障设备/工具前排队等待;该修理机构中有多个该类维修保障设备/工具,并且各个维修保障设备/工具的工作相互独立、互不影响;故障装备只需由其中一台维修保障设备/工具即可修复。下面将对这一排队结构进行分析。

(1) 确定故障装备的到达时间分布。武器装备正常使用过程中,如不考虑装备的预防性维修工作,则有以下特点。

① 在某段时间间隔 t 内,故障装备到达的概率与这段时间的起始时刻无关,只与这段时间间隔的长短有关,即

$$P\{[0,t] \text{内有 } m \text{ 个故障装备}\} = P\{[a,a+t] \text{内有 } m \text{ 个故障装备}\} = P_m(t)$$

所以符合平稳性要求。

② 在不相交的时间内产生的故障装备显然是相互独立的,即满足无后效性要求。

③ 假设在充分小的时间 Δt 内,不存在同时有两个以上故障装备到达的情况,或发生的概率非常小(装备到达时间总有先后之分,这种情况现实中基本成立),即满足普通性要求:

$$\lim_{t \to 0} \frac{\varphi(t)}{t} = 0 \qquad (4-12)$$

式中:$\varphi(t)$ 为两个以上故障装备到达的概率。

如果以上分析的三个条件基本满足,依据巴尔姆—欣极限定理断言:大量

相互独立小强度流的总和近似于一个简单流(泊松输入),若其中每个流都是平稳且普通的,故障装备的到达符合泊松流,也就是说在 t 时间内有 m 个需要进行维修装备(到达的顾客)的概率服从泊松分布:

$$P_m(t) = \frac{(\lambda t)^m}{m!} \mathrm{e}^{-\lambda t} \qquad t > 0; m = 0,1,2,\cdots \qquad (4-13)$$

为了确定保障设备的数量,首先要确定出故障装备到达维修机构的泊松流。

由泊松流可导出两次故障的平均时间 $\mathrm{MT} = 1/\lambda$,MT 的平均分布函数为

$$F_T(t) = P \qquad T \leqslant t \qquad (4-14)$$

$$P_0 = \mathrm{e}^{-\lambda t} \qquad (4-15)$$

在 $[0,t]$ 区间内至少有一台故障装备到达的概率为

$$F_T(t) = 1 - p_0(t) = 1 - \mathrm{e}^{-\lambda t} \qquad t > 0 \qquad (4-16)$$

概率密度函数为

$$P_T(t) = \frac{\mathrm{d}F_T(t)}{\mathrm{d}t} = \lambda \mathrm{e}^{-\lambda t} \qquad t > 0 \qquad (4-17)$$

因此,故障装备到达的间隔时间服从参数为 λ 的指数分布,在时间 $[0,t]$ 区间内故障装备到达(顾客到达)的概率为

$$F_T(t) = 1 - \mathrm{e}^{-\lambda t} \qquad t > 0 \qquad (4-18)$$

(2)确定平均服务率 ρ(维修保障强度)。如果假设维修时间服从指数分布,则单台故障装备的平均维修时间即是修复一台故障装备维修保障设备/工具的工作时间,有 $\mathrm{MTTR} = 1/u$。

在 $[0,t]$ 区间内故障装备修复的概率(完成服务的概率)为

$$M(t) = 1 - \mathrm{e}^{-ut} \qquad t > 0 \qquad (4-19)$$

在此基础上,可得到典型排队系统:M/M/S 模型,即顾客(故障装备)到达服从泊松分布、服务时间(装备修理时间)服从指数分布、有 S 个并列服务台(S 个同种类的维修保障设备/工具)。

在该排队结构中,全部维修保障设备/工具的平均服务率应为 $S \cdot u$;维修保障设备/工具的平均利用率(维修服务强度)为

$$\rho = \frac{\lambda}{S \cdot u} \qquad (4-20)$$

式中：ρ 为维修保障设备／工具的平均利用率；λ 为故障装备到达率（顾客达到率）；S 为维修保障设备／工具数量；u 为维修保障设备／工具的服务率。

（3）计算排队系统中各项目标参数。排队系统中，顾客到达后的服务规则一般有先到先服务、后到先服务、按优先权进行服务。对于维修保障系统而言，一般会采用先到先服务或按优先权进行服务的规则。本书中只对先到先服务的维修排队过程进行介绍，读者可结合排队理论对按优先权进行服务的维修排队过程进行研究。

理论上已经证明，当 $\rho < 1$ 时，排队系统存在平稳分布。当维修排队结构中有 m 台故障装备，且 $0 \leqslant m \leqslant S$ 时，即故障装备数量小于维修保障设备／工具的数量时，有 m 台维修保障设备／工具工作，其余 $S - m$ 台维修保障设备／工具则处于空闲状态；当 $m > S$ 时，即故障装备数量大于维修保障设备／工具数量时，全部的 S 台维修保障设备／工具均处于工作状态，其余 $m - S$ 台故障装备则处于排队等待的状态。根据上述排队模型，可得出排队结构中没有故障装备和有 m 台故障装备的概率分别为

$$p_0 = \left[\sum_{m=0}^{S-1} \frac{\lambda^m}{S!\mu^m} + \frac{\lambda^S}{\mu^S S!} \frac{S \cdot \mu}{S \cdot \mu - \lambda} \right]^{-1} \qquad (4-21)$$

$$p_m = \begin{cases} \dfrac{\lambda^m}{m!\mu^m} p_0 & 0 \leqslant m \leqslant S \\[4mm] \dfrac{\lambda^m}{S!S^{m-S}\mu^m} p_0 & m > S \end{cases} \qquad (4-22)$$

式中：p_0 为排队系统没有故障装备的概率；p_m 为排队系统中有 m 台故障装备的概率。

① 排队系统中，排队等待修理的故障装备的平均数量为

$$L_q = \sum_{m=S}^{\infty} (m - S) p_m$$

$$= \frac{\lambda^{S+1}}{(S-1)!\mu^{S-1}(S \cdot \mu - \lambda)^2} p_0 \qquad (4-23)$$

式中：L_q 为排队等待修理的故障装备的平均数量。

② 排队系统中，平均工作着的维修保障设备／工具数量（正在维修的故障装备数量）为

$$L_{\text{工}} = \bar{m} = \sum_{m=0}^{S-1} mp_m + S\sum_{m=S}^{\infty} p_m$$

$$= \sum_{m=0}^{S-1} m \cdot \frac{S^m}{m!}\rho^m p_0 + \sum_{m=S}^{\infty} S \cdot \frac{S^S}{S!}\rho^m p_0$$

$$= S\rho\left[\sum_{m=0}^{S-2} p_m + \sum_{m=S-1}^{\infty} p_m\right]$$

$$= S\rho = \frac{\lambda}{\mu} = \text{MTTR} \cdot \lambda \qquad (4-24)$$

式中:$L_{\text{工}}$ 为平均工作着的维修保障设备/工具数量(正在维修的故障装备数量)。

③排队系统中,故障装备的平均数量应等于排队等待的故障装备数量与正在修理的故障装备数量之和,即

$$L = L_q + L_{\text{工}} = L_q + \frac{\lambda}{\mu} = \frac{\lambda^{S+1}}{(S-1)!\mu^{S-1}(\mu S - \lambda)^2}p_0 + \frac{\lambda}{\mu} \quad (4-25)$$

式中:L 为排队系统故障装备的平均数量。

④故障装备的平均排队等待时间为

$$W_q = \frac{L_q}{\lambda} = \frac{\lambda^S}{(S-1)!\mu^{S-1}(\mu^S - \lambda)^2}p_0 \qquad (4-26)$$

式中:W_q 为故障装备的平均排队等待时间。

⑤故障装备的平均排队时间为从故障装备到达至修复后离开的平均时间,即

$$W = \frac{L}{\lambda} = W_q + \frac{1}{\mu} \qquad (4-27)$$

式中:W 为故障装备的平均排队时间。

⑥故障装备到达维修机构后必须排队等待的概率为

$$C = \sum_{m=S}^{\infty} p_s = \sum_{m=S}^{\infty} \frac{S^S}{S!}\rho^m p_0 = \frac{p_s}{1-\rho} = \frac{S\mu p_s}{\mu S - \lambda} \qquad (4-28)$$

2)多类维修保障设备/工具的串联维修排队结构

多类维修保障设备/工具的串联维修排队结构,是指故障装备依次使用多类维修保障设备/工具完成修理的维修过程,是由多个单类维修保障设备/工具维修排队结构串联组成的,如图4-4所示。

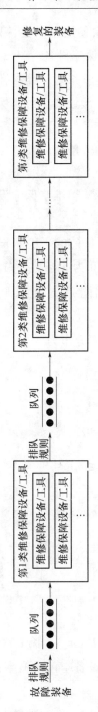

图4-4　多类维修保障设备/工具的串联维修排队结构示意图

故障装备到达后,按照维修流程的规定,依次使用第 1 类、第 2 类,…,第 i 类维修保障设备/工具中任意一个空闲着的维修保障设备/工具,在接受第 i 类维修保障设备/工具的维修后是完成全部的修理任务离开维修排队系统;各类维修保障设备/工具的工作相互独立、互不影响。假设各类维修保障设备/工具前排队的空间无限。

理论上已经证明,各类维修保障设备/工具的数量 S_i 应满足

$$\lambda < S_i u_i$$

式中:S_i 为第 i 类维修保障设备/工具数量;u_i 为第 i 类维修保障设备/工具的服务率。

串联维修排队结构中各类维修保障设备/工具前的平稳队长相互独立,且与故障装备到达服从参数为 λ 的泊松流、服务时间为 u_i 指数分布的单类维修保障设备/工具维修排队结构的平稳队长完全相同[68]。由此,可以得到以下结论。

(1) 系统平稳后,系统中故障装备数量的概率分布为

$$P(\boldsymbol{m}) = \prod_{i=1}^{I} (P_i(m_i)) \qquad (4-29)$$

其中

$$\boldsymbol{m} = \begin{bmatrix} m_1 & m_2 & \cdots & m_I \end{bmatrix}$$

$$P_i(m_i) = \begin{cases} \dfrac{(S_i \rho_i)^{m_i}}{m_i!} p_{i0} & 1 \leqslant m_i \leqslant S_i \\ \dfrac{(S_i \rho_i)^{m_i}}{S_i! S_i^{m_i-S_i}} p_{i0} & m_i > S_i \end{cases} \qquad (4-30)$$

$$p_{i0} = \left[\sum_{m=0}^{S_i-1} \frac{\lambda^m}{S_i! \mu_i^m} + \frac{\lambda^{S_i}}{\mu_i^{S_i} S_i!} \cdot \frac{S_i \mu_i}{S_i \mu_i - \lambda} \right]^{-1} \qquad (4-31)$$

$$\rho_i = \frac{\lambda}{S_i \mu_i} \qquad i = 1, 2, \cdots, I \qquad (4-32)$$

式中:$P(\boldsymbol{m})$ 为系统有 m 台故障装备的概率分布;$P_i(m_i)$ 为第 i 类维修保障设备前有 m_i 台故障装备的概率;p_{i0} 为第 i 类维修保障设备空闲的概率;ρ_i 为第 i 类维修保障设备/工具的平均利用率。

(2) 排队系统中,各类维修保障设备/工具平均工作的数量为

$$L_{i\text{工}} = \overline{m_i} = \sum_{m_i=0}^{S_i-1} m_i p_{m_i} + S_i \sum_{m_i=S_i}^{\infty} p_{m_i}$$

$$= \sum_{m_i=0}^{S_i-1} m_i \cdot \frac{S_i^{m_i}}{m_i!} \rho^{m_i} p_{i0} + \sum_{m_i=S}^{\infty} S_i \cdot \frac{S_i^{S_i}}{S_i!} \rho^{m_i} p_{i0}$$

$$= S_i \rho_i \left[\sum_{m_i=0}^{S_i-2} p_{m_i} + \sum_{m_i=S-1}^{\infty} p_{m_i} \right]$$

$$= S_i \rho_i = \frac{\lambda}{\mu_i} \tag{4-33}$$

式中:$L_{i\text{工}}$为系统中平均工作着的第 i 类维修保障设备/工具数量。

(3)串联排队系统中,故障装备的平均数量应为各类保障设备/工具前的平均故障装备数量之和,即

$$L = \sum_{i=1}^{I} L_i \tag{4-34}$$

其中

$$L_i = \frac{\lambda^{S_i+1}}{(S_i-1)! \mu_i^{S_i-1} (\mu_i S_i - \lambda)^2} p_{i0} + \frac{\lambda}{\mu_i} \tag{4-35}$$

式中:L 为故障装备的平均数量;L_i 为在第 i 类维修保障设备/工具处排队的平均故障装备数量;I 为维修保障设备/工具的种类数量。

(4)串联排队系统中,故障装备的平均排队等待时间应为排队等待各类维修保障设备/工具之和,即

$$W_q = \sum_{i=1}^{I} W_{qi} \tag{4-36}$$

其中

$$W_{qi} = \frac{L_{iq}}{\lambda} = \frac{\lambda^{S_i}}{(S_i-1)\mu_i^{S_i-1}(\mu_i S_i - \lambda)^2} p_{i0} \tag{4-37}$$

式中:W_q 为系统中故障装备的平均排队等待时间;W_{qi} 为第 i 类维修保障设备/工具前平均排队等待时间。

(5)系统中故障装备的平均排队时间,应等于故障装备在各类维修保障设备/工具前的平均排队时间之和,即

$$W = \sum_{i=1}^{I} W_i \tag{4-38}$$

其中

$$W_i = W_{iq} + \frac{1}{\mu_i} \qquad (4-39)$$

式中：W为系统中故障装备的平均排队时间；W_i为故障装备在第i类维修保障设备/工具的平均排队时间。

3）多类维修保障设备/工具的选择维修排队结构

多类维修保障设备/工具的选择维修排队结构，是指故障装备根据故障部位选择对应的某一类维修保障设备/工具进行修理的维修过程，该结构由多个单类维修保障设备/工具维修排队结构组成，如图4-5所示。

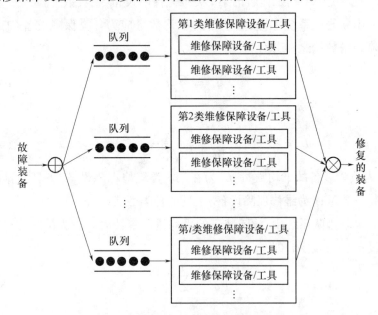

图4-5　多类维修保障设备/工具的选择维修排队结构示意图

（⊕表示选择关系，即故障装备按需求选择所需的维修保障设备/工具，一个故障装备流分为多个故障装备流；⊗表示合并关系，即将多个故障装备流合并为一个，以便于研究统计）

故障装备到达维修机构后，根据其故障部位的不同，选择相应类型的维修保障设备/工具进行排队，当该类任意一个维修保障设备/工具空闲时，故障装备接受维修，随后完成维修任务离开维修排队系统。选择维修排队结构中，各类维修保障设备/工具的工作相互独立、互不影响；各类维修保障设备/工具前排队的空间无限。

80

（1）确定故障装备的到达时间分布。假设装备各类故障模式的发生比率分别为 $\alpha_1, \alpha_2, \cdots, \alpha_i, \cdots, \alpha_I$，$\sum_{i=1}^{I} \alpha_i = 1$。第 i 种故障模式需由第 i 类维修保障设备/工具进行修理。如故障装备的到达速率为 λ，则各类维修保障设备/工具的故障装备到达率为

$$\lambda_i = \alpha_i \cdot \lambda \tag{4-40}$$

$$\sum_{i=1}^{I} \lambda_i = \lambda \tag{4-41}$$

由于各类维修保障设备/工具的工作过程、平稳队长等均相互独立、互不影响，为此选择结构中各类维修保障设备/工具的各项参数，与故障装备到达服从参数为 λ_i 的泊松流、服务时间为 u_i 指数分布的单类维修保障设备/工具维修排队结构的各项参数相同。

根据上述结论可知，选择性维修排队结构中故障装备的概率分布 $P(m)$、各类维修保障设备/工具平均工作着的数量 L_i^c、平均故障装备数量 L 等的计算方法与前面所述方法类似，此处不再赘述。

（2）计算故障装备平均排队等待时间。选择排队系统达到平稳后，在任意 Δt 时间段内到达的故障装备数量应等于修复的故障装备数量，即任意 Δt 时间段内修复的故障装备数量应为 $(\lambda_1 + \lambda_2 + \cdots + \lambda_I) \cdot \Delta t$，这些故障装备的排队等待总时间则应等于修复的故障装备数量与其平均排队等待时间 W_q 的乘积，同时还应等于排队等待各类维修保障设备/工具的时间之和。

根据上述分析可得

$$(\lambda_1 + \lambda_2 + \cdots + \lambda_I) \cdot \Delta t \cdot W_q = \lambda_1 \cdot \Delta t \cdot W_{q1} + \lambda_2 \cdot \Delta t \cdot W_{q2} + \cdots + \lambda_I \cdot \Delta t \cdot W_{qI} \tag{4-42}$$

对式（4-42）进行化简，可得

$$W_q = \frac{\lambda_1 \cdot W_{q1} + \lambda_2 \cdot W_{q2} + \cdots + \lambda_I \cdot W_{qI}}{(\lambda_1 + \lambda_2 + \cdots + \lambda_I)}$$

$$= \sum_{i=1}^{I} \frac{\lambda \cdot \alpha_i \cdot W_{qi}}{\lambda} = \sum_{i=1}^{I} \alpha_i \cdot W_{qi} \tag{4-43}$$

其中

$$W_{qi} = \frac{L_{iq}}{\lambda_i} = \frac{\lambda_i^{S_i}}{(S_i - 1)\mu_i^{S_i-1}(\mu_i S_i - \lambda_i)^2} p_{i0} \tag{4-44}$$

$$p_{i0} = \left[\sum_{m=0}^{S_i-1} \frac{\lambda_i^m}{S_i! \mu_i^m} + \frac{\lambda_i^{S_i}}{\mu_i^{S_i} S_i!} \cdot \frac{S_i \mu_i}{S_i \mu_i - \lambda_i} \right]^{-1} \tag{4-45}$$

（3）计算故障装备的平均排队时间。根据选择排队系统中故障装备平均排队等待时间的推导方法,可得出故障装备的平均排队时间为

$$W = \sum_{i=1}^{l} \alpha_i \cdot \left(W_{qi} + \frac{1}{\mu_i} \right) \tag{4-46}$$

4）多类维修保障设备/工具的并联维修排队结构

多类维修保障设备/工具的并联维修排队结构,是指某一故障装备的修理过程由多个并行且需要不同种类维修保障设备/工具的工序组成。并联维修结构中,只有并联各维修工序所需的维修保障设备/工具均处于空闲状态时,故障装备的维修工作才正式开始;同时,也只有当各类维修保障设备/工具都完成了相应的工序时,故障装备修理才能完成,如图4-6所示。

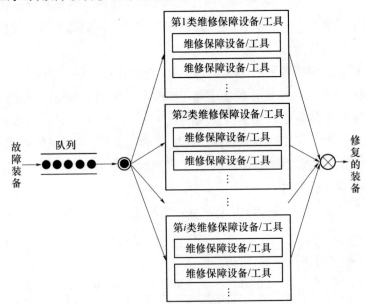

图4-6 多类维修保障设备/工具的并联维修排队结构示意图

（⊙表示并联结构,即同一个故障的修理需要由多种维修保障设备/工具并行同时进行,

当该结构中各类维修保障设备/工具均有空闲的设备/工具时,

故障装备的修理工作开始,一个故障装备流同时分为多个

故障流到不同的维修保障设备/工具进行修理）

（1）确定各类维修保障设备/工具的故障装备到达率。由于同一个故障修理过程由多个需占用不同种类维修保障设备/工具、并行进行的工序组成。一个故障装备相当于变为多个故障同时，分别到不同种类维修保障设备/工具前排队等待修理。因此在并联排队维修结构中，各类维修保障设备/工具的故障到达时间、数量、间隔时间均相同，即故障到达率相同，即等于该维修排队结构的故障到达率：

$$\lambda_i = \lambda \tag{4-47}$$

并联维修排队结构中，各类维修保障设备/工具的工作过程、平稳队长等均相互独立、互不影响，为此并联维修排队结构中各类维修保障设备/工具的各项参数，与故障装备到达服从参数为 λ 的泊松流、服务时间为 u_i 指数分布的单类维修保障设备/工具维修排队结构的各项参数相同。并联维修排队结构中，故障装备的概率分布 $P(m)$、各类维修保障设备/工具平均工作着的数量 L_i^C 的计算方法与前面所述方法类似，此处不再赘述。

（2）计算故障装备的平均排队时间。并联维修排队结构中，只有在全部工序均完成的时候故障装备才算修理完毕，才能离开并联维修排队结构，否则仍然停留在该结构中，并占用维修保障设备/工具。由此可以认为，各并联维修工序所需修理时间相同，即并联维修排队结构中各类维修保障设备/工具的服务时间相同。故障装备通过该结构的平均排队时间 W 应等于通过各类维修保障设备/工具的平均排队时间 W_i 的最大值，即

$$W = \max\{W_i \mid i = 1,2,\cdots,I\} \tag{4-48}$$

式中：W_i 的计算方法与故障装备到达服从参数为 λ 的泊松流、服务时间为 u_i 指数分布的单类维修保障设备/工具维修排队结构计算方法相同。

（3）根据上述分析，可得出并联维修排队结构中平均故障装备数量 L，即

$$W = \frac{L}{\lambda} = \max\{W_i \mid i = 1,2,\cdots,I\} = \max\left\{\frac{L_i}{\lambda} \mid i = 1,2,\cdots,I\right\} \tag{4-49}$$

由于故障装备到达速率 λ 为已知常量，由此可得

$$L = \max\{L_i \mid i = 1,2,\cdots,I\} \tag{4-50}$$

2. 装备维修排队过程分析

故障装备修理时间的平均值和平均修复率是装备保障过程中所需考虑的

关键指标,在维修保障设备/工具的需求确定时必须考虑这两个参数;而考虑到维修保障设备/工具的特点,确定其需求时还需考虑其总规模(可用总质量、总体积或运输所需车辆数来表示)、总成本、利用率等参数。在确保故障装备平均修复时间和平均修复率满足作战任务要求的同时,使维修保障设备/工具的总规模保持在一定的范围内,同时尽可能提高维修保障资源的使用效率,降低总成本。

故障装备修理时间的平均值是故障装备到达维修机构排队等待维修直至全部修理工作均完成的总时间,即故障装备排队经过各类维修保障设备/工具的总时间;故障装备的平均修复率则是在同一时间段内修复的故障装备数量与到达的故障装备数量之比;所需维修保障设备/工具的总规模、总成本则可根据维修保障设备/工具的数量及其质量、体积、成本等参数计算。下面结合具体示例,介绍如何通过维修排队过程的分析得出故障装备的修理时间的平均值和平均修复率。

例 4-1 某维修机构负责保障的某型号武器装备的故障到达速率为 λ,该型号武器装备由三大部件组成,各部件的故障,比例分别为 $\alpha_1,\alpha_2,\alpha_3$。该型号装备的修理需要 6 种维修保障设备/工具,维修过程排队模型如图 4-7 所示。故障装备到达后经第 1 类维修保障设备/工具的检测,确定故障部位后选择与之对应的修理流程:部件 1 的修理需要选后依次使用第 2 类和第 3 类维修保障设备/工具;部件 2 的修理则需使用第 4 类和第 5 类维修保障设备/工具,且两类维修保障设备/工具的使用无先后顺序且可并行进行;部件 3 的修理则只需使用第 6 类维修保障设备/工具。

由图 4-7 可知,故障装备的修理过程总体来看是一个串联的维修排队过程,各故障部件的修理构成了选择维修排队结构:部件 1 的修理过程是串联维修排队结构;部件 2 的修理是并联维修排队结构;部件 3 的修理则是最简单的单类维修保障设备/工具的维修排队结构。结合前面对各类典型结构的分析方法,对该维修过程进行分析。

下面对上述的维修过程排队模型进行分析。

(1)计算各类维修保障设备/工具的故障装备到达速度 $\lambda_1,\lambda_2,\cdots,\lambda_6$:

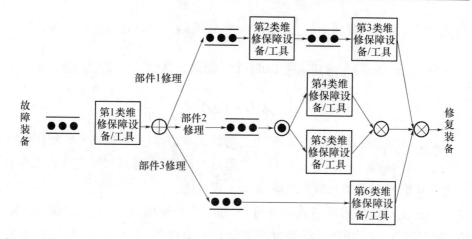

图 4 - 7　某型号装备维修过程排队模型示意图

$$\begin{cases} \lambda_1 = \lambda \\ \lambda_2 = \lambda_3 = \alpha_1 \cdot \lambda \\ \lambda_4 = \lambda_5 = \alpha_2 \cdot \lambda \\ \lambda_6 = \alpha_3 \cdot \lambda \end{cases}$$

（2）计算故障装备修理时间的平均值。首先根据式（4.19）~ 式（4.27）计算故障装备通过各类维修保障设备的平均排队时间 $W_1, W_2, \cdots, W_6$。部件 1 修理时间的平均值 $W_{部件1}$ 等于顺序通过第 2 类和第 3 类维修保障设备/工具的平均时间之和,即

$$W_{部件1} = W_2 + W_3$$

部件 2 的修理时间平均值 $W_{部件2}$ 等于通过第 4 类和第 5 类维修保障设备/工具的最大平均时间,即

$$W_{部件2} = \max\{W_4, W_5\}$$

部件 3 的修理时间平均值 $W_{部件3}$ 等于通过第 6 类维修保障设备/工具的平均时间,即

$$W_{部件2} = W_6$$

三类部件的故障比例不同,选择不同维修过程的概率也就不同,根据选择维修排队结构可得全部故障装备的修理时间平均值,即

$$W = W_1 + W_{部件1} \cdot \alpha_1 + W_{部件2} \cdot \alpha_2 + W_{部件3} \cdot \alpha_3$$

（3）计算故障装备的平均修复率。根据故障装备的修理时间平均值可以

得到故障装备的修复速率为 $\frac{1}{W}$，则在任意 Δt 时间段内修复的故障装备数量为 $\frac{1}{W} \cdot \Delta t$，结合故障装备的到达速率可计算出故障装备的平均修复率，即

$$\sigma = \frac{1}{W} \cdot \Delta t / (\lambda \cdot \Delta t) = \frac{1}{\lambda \cdot W}$$

（4）计算全部维修保障设备/工具的总成本、总规模。根据各类维修保障设备/工具的单价、重量、体积就可计算得出全部维修保障设备/工具的总成本 C 和总规模 F，计算方法较为简单，此处不再赘述。

经过上述维修排队过程的分析，可建立维修保障设备/工具数量与故障装备修理时间平均值、平均修复率和维修保障设备/工具总规模、总费用之间的定量关系模型。以此为基础，可进行维修保障设备/工具的数量需求确定。

3. 维修保障设备/工具数量需求确定步骤及方法

维修保障设备/工具数量需求确定，即是在保证故障装备的修理时间平均值/平均修复率满足要求的前提下，通过合理配备各类维修保障设备/工具的数量，使得维修保障设备/工具的总成本/总规模最小。经过上述维修排队过程的分析，可以建立维修保障设备/工具数量与故障装备修理时间平均值、平均修复率和维修保障设备/工具总规模、总费用之间的定量关系模型。在此基础上，可将各类维修保障设备/工具数量增减情况对故障装备修理时间平均值/平均修复率的影响进行量化，进而确定维修保障设备/工具的数量需求，具体方法、步骤如图 4-8 所示。

步骤 1：根据故障装备的维修过程建立维修排队模型，采用维修排队的典型结构分析各维修保障设备/工具的相互关系。

步骤 2：根据排队论可知，为了确保系统达到稳态，维修保障设备/工具前的故障装备数量不会无限增加，应使 $\rho_i < 1$。据此可以确定各类维修保障设备/工具的初始需求数量。

步骤 3：确定各类维修保障设备/工具的数量后，则需要对维修排队过程进行分析，确定故障装备的修理时间平均值/平均修复率。

步骤 4：将故障装备的修理时间平均值/平均修复率与要求值进行对比，若满足要求则结束；若不满足要求则转入步骤五。

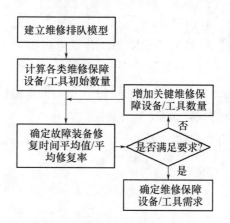

图 4 - 8　维修保障设备/工具数量需求确定步骤

步骤 5:增加关键维修保障设备/工具的数量,使故障装备的修理时间平均值或平均修复率满足要求。关键维修保障设备/工具是能够最大幅度缩短故障装备的修理时间平均值或提高平均修复率,且使总成本/总规模增加最小的维修保障设备/工具种类,因此可按以下公式确定所需要增加的维修保障设备/工具的种类,即

$$\max\{\Delta W_i / c_i | i = 1, 2, \cdots, I\} \tag{4-51}$$

$$\max\{\Delta \sigma_i / c_i | i = 1, 2, \cdots, I\} \tag{4-52}$$

$$\max\{\Delta W_i / f_i | i = 1, 2, \cdots, I\} \tag{4-53}$$

$$\max\{\Delta \sigma_i / f_i | i = 1, 2, \cdots, I\} \tag{4-54}$$

式中:ΔW_i 为增加一个第 i 类维修保障设备/工具,使故障装备修理平均时间缩短的值;$\Delta \sigma_i$ 为增加一个第 i 类维修保障设备/工具,使故障装备修复率增大的值;c_i 为第 i 类维修保障设备/工具的单一成本;f_i 为第 i 类维修保障设备/工具的单一规模(体积或质量)。

确定了关键维修保障设备/工具的种类后,若关键种类的维修保障设备/工具的数量增加 1,然后转到步骤 3。

下面结合具体示例,说明上述方法。

例 4 - 2　(续例 4 - 1)　故障装备的到达率 $\lambda = 4$,各部件的故障比例 $\alpha_1 = 0.5, \alpha_2 = 0.3, \alpha_3 = 0.2$;各类维修保障设备/工具的平均服务率分别为 $\mu_1 = 1, \mu_2 = 0.6, \mu_3 = 0.5, \mu_4 = 0.8, \mu_5 = 0.4, \mu_6 = 0.2$;各类维修保障设备/工

具的成本分别为$c_1 = 5$，$c_2 = 8$，$c_3 = 3$，$c_4 = 2$，$c_5 = 5$，$c_6 = 10$；现要求故障装备修理时间的平均值不大于6。试求使总成本最少的各类维修保障设备/工具需求数量。

（1）根据装备的维修过程建立如图4-7所示的维修排队模型。

（2）计算各类维修保障设备/工具的初始数量。

结合例4-1的分析，将$\lambda = 4$，$\alpha_1 = 0.5$，$\alpha_2 = 0.3$，$\alpha_3 = 0.2$代入，得到

$$\begin{cases} \lambda_1 = 4 \\ \lambda_2 = \lambda_3 = 0.5 \cdot 4 = 2 \\ \lambda_4 = \lambda_5 = 0.3 \cdot 4 = 1.2 \\ \lambda_6 = 0.2 \cdot 4 = 0.8 \end{cases}$$

由于$\rho_i < 1$，因此可确定各类维修保障设备/工具的初始数量分别为$S_1 = 5$，$S_2 = 4$，$S_3 = 5$，$S_4 = 2$，$S_5 = 4$，$S_6 = 5$。

（3）根据例4-1的结论，可知在各维修保障设备/工具数量均为初始值时，故障装备修理的平均时间为

$$W = W_1 + W_{部件1} \cdot \alpha_1 + W_{部件2} \cdot \alpha_2 + W_{部件3} \cdot \alpha_3$$
$$= 1.5541 + (3.311 + 3.1082) \cdot 0.5 + \max\{2.8571, 3.7736\} \cdot 0.3$$
$$+ 7.7706 \cdot 0.2 = 7.4499$$

任务要求的故障装备修理时间的平均值为6，此时不能满足要求，需增加维修保障设备/工具的数量。

（4）确定关键维修保障设备/工具。在本例中应选取$\max\{\Delta W_i / c_i | i = 1, 2, \cdots, I\}$对应的维修保障设备/工具种类，使其数量增加1。因此，首先计算各类维修保障设备/工具数量增加1后，故障装备修理平均时间的变化量为$\Delta W_i : \Delta W_1 = 0.4117$，$\Delta W_2 = 0.6589$，$\Delta W_3 = 0.4117$，$\Delta W_4 = 0$，$\Delta W_5 = 0.0914$，$\Delta W_6 = 0.4117$；结合各类维修保障设备/工具的成本可知应增加一个第3类维修保障设备/工具，此时的故障装备修理平均时间为7.0382，仍不满足要求，需要继续增加。

如此循环，直至各类维修保障设备/工具的数量分别为$S_1 = 6$，$S_2 = 5$，$S_3 = 6$，$S_4 = 2$，$S_5 = 4$，$S_6 = 5$，此时的故障装备修理平均时间为5.9676，满足任务要求；维修保障设备/工具的总成本为162，即为所求解。

4.3　本　章　小　结

在确定装备维修保障设备/工具种类时,应切实把握品种确定的基本原则,尽量以现有的设备/工具满足任务需求,提高维修保障设备/工具的综合化程度,减少维修保障设备/工具种类,简化部队保障工作;同时,明确各类型维修保障设备/工具的数量配备的基本原则,根据装备寿命在不同阶段、不同情况下所能得到的保障数据,选择合适的维修保障设备/工具数量确定方法;在确保满足要求的前提下,最大限度发挥维修保障设备/工具的效能,提高其利用率,降低维修保障设备/工具的成本及规模。

第5章 装备维修保障人员需求预测技术

作为装备保障资源的重要组成部分,维修保障人员是装备军事效能持续发挥的重要保证。随着大量复杂武器系统的部署与使用,对维修保障人员的技能要求越来越高,对维修保障人员的需求量也越来越大。但庞大的维修保障人员需求不仅与精干、快捷、高效的保障要求之间存在严重失衡,而且维修保障人员的物资和军费消耗成为越来越沉重的负担。因此,如何有效地规划、运用维修保障人力资源,实现人力资源"适时、适地、适量、适需"的"精确化保障",已经成为我军新时期军事斗争准备的迫切需求。

5.1 装备维修保障人员需求预测方法概述

维修保障人员是指可用的各类维修保障人员的总和,包括人员数量和质量两个方面,通常用符合能力要求的一定专业和等级的人数表示。预测装备维修保障人员的需求就是要确定出所需维修保障人员的专业、技术等级,以及相应的数量。同一种类武器装备作战单元可能包含多种武器装备,不同种类的武器装备对维修保障人员的专业划分有不同的方式。但对于同一种类武器装备而言,其维修保障人员专业和技术等级的划分基本上保持一致。因此,在预测装备作战单元维修保障人员需求时,一般应按照武器装备的种类分别预测维修保障人员需求,进而汇总得出全部的维修保障人员需求。

在确定同一种类武器装备的维修保障人员需求时,通常以维修工作分析结果、平时及战时维修工作要求、装备维修保障方案等为依据,结合维修机构的职责分工,按照如图5-1所示的步骤进行确定。

(1) 进行维修工作分析。根据装备维修保障方案的要求,明确维修保障机构的职责分工及其所承担的维修保障任务,通过维修工作分析,将各项维修保障工作分解为子工作和工序,分析各项子工作和工序对于维修保障人员的技能、数量和工时需求。

(2)确定维修保障人员的专业技术等级需求。根据各项维修保障子工作和工序对维修保障人员技能的需求,分析、确定完成全部武器装备维修保障工作所需的人员专业和技术等级需求。

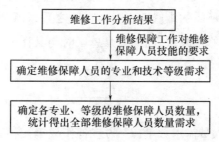

图 5-1　装备维修保障人员需求预测

(3)确定各专业、等级人员数量需求。根据维修保障工作对维修保障人员数量和工时的需求,结合维修保障任务要求、维修保障任务分配等,计算各专业、技术等级人员的数量需求,进而统计得出全部的维修保障人员数量需求。

维修工作分析应在装备研制各阶段反复进行,其原理比较简单,但工作量大,需花费大量的时间与劳动力,是科学确定维修保障人员专业和技术等级需求的重要方法和手段。如果缺少维修工作分析的相关结论,也可根据以往维修保障人员专业和技术等级需求采用相似比较法或根据相关领域专家的实践经验,确定新装备、新任务的维修保障人员专业和技术等级需求。

在确定了维修保障人员的专业和技术等级的需求之后,则要确定各专业和技术等级人员的数量需求,这方面可用的方法较多,如第 4 章中介绍的利用率法、相似系统法、专家估算法、排队论法等。对于利用率法、专家估算法和排队论法前面都进行了详细的介绍,此处不再赘述。后面将对相似系统法的原理、步骤等进行详细的说明。

除上述方法外,目前较常用的方法还有基于工时的计算方法、基于维修单元的计算方法、以装备完好率为约束的维修人员需求计算方法和基于案例推理的维修保障人员预测方法。

1. 基于工时的计算方法

基于工时的计算方法其原理是依据经验数据,按照武器装备的不同类型(军械、工程、防化、装甲、车辆等),预计武器装备在不同的使命任务中的使用和损坏情况,结合各类武器装备轻、中、重损和大、中、小修所需的工时数[83],进而计算出各类维修装备所需的维修总工时。在此之后,计算出单个维修人员在任务阶段内可完成的维修工时数,利用维修总工时与其比值确定所需的维修人员总数量,计算公式为

$$M = \frac{T^C + T^P}{A_t} \qquad (5-1)$$

式中:M 为维修保障人员需求数量;T^C 为装备作战单元各武器装备进行修复性维修所需的工时数;T^P 为装备作战单元各武器装备进行预防性维修所需的工时数;A_t 为任务阶段内单一维修保障人员所能完成的工时数。

这种方法通用性强,应用较为广泛,简单且易于操作。但该方法在应用中:一是按装备大类估算人员,一般不区分维修专业,结果一般只能确定人员数量需求的总数;二是以损坏率和标准工时为输入计算人员需求,这些数据在老式装备上较容易获取,但随着我军武器装备的更新换代,尤其是高技术武器装备的部署使用,装备损坏率和标准工时等数据较难获取;三是该方法忽略了维修工作的逻辑顺序,没有考虑到维修工作的并行、冲突等问题,计算出的人员需求与实际需求会有一定的差异。

2. 基于维修单元的计算方法

基于维修单元的计算方法较多,大家对维修单元的定义目前尚不统一。例如,将"能满足型号军械装备维修基本需求的最少人员组合"定义为最小维修人员单元,将"规定的时间内、完成规定保障任务、实现最佳保障效能的最少保障资源组合"定义为最小维修单元[69],将"修复某种军械装备所需最少修理人员、必需的保障装备和机工具、适量的维修器材组合而成的一个要素齐全、功能匹配的保障集合体"定义为维修保障单元[70]。上述定义都说明维修单元的组成包括了完成修理所需的最少人员,即明确了所需的人员专业和技术等级,同时规定了各类人员的构成数量。因此,通过计算装备使用/作战任务所需的维修

单元数,就可计算得出所需的维修保障人员数量。

1) 计算维修单元需求数量

维修单元需求数量的计算公式为

$$N_h = \frac{\sum\limits_{k=1}^{K} \sum\limits_{l=1}^{L_k} M_k \lambda_k \theta_{kl} t_{klh}}{t_h} \qquad (5-2)$$

式中:N_h 为第 h 类维修保障单元的数量;K 为装备作战单元所包含的武器装备种类数量;L_k 为第 k 类武器装备的故障模式数量;M_k 为第 k 类武器装备的数量;λ_k 为第 k 类武器装备的故障率;θ_{kl} 为第 k 类武器装备发生第 l 类故障模式的频率比,$\sum\limits_{l=1}^{L_k} \theta_{kl} = 1$;$t_{klh}$ 为第 k 类武器装备第 l 类故障维修一次需要第 h 类维修保障单元完成的工时数;t_h 为第 h 类维修保障单元可完成的维修工时数。

2) 计算维修保障人员数量

维修保障人员数量的计算公式为

$$M_{ij} = \sum_{h=1}^{H} N_h m_{hij} \qquad (5-3)$$

式中:M_{ij} 为第 i 专业 j 等级的维修保障人员需求数量;H 为维修保障单元种类数量;m_{hij} 为第 h 类维修保障单元编配的第 i 专业 j 等级的维修保障人员数量。

目前,该方法在军械装备方面应用较为成熟,但对于其他类型的武器装备而言,最小维修保障单元的标准人员构成、标准维修工时等关键参数的确定问题还有待研究。

3) 以装备完好率为约束确定维修人员需求的方法

装备完好率指完好装备数与实有装备数之比,是对维修保障的主要要求。该方法有两个假设。

(1) 无故障装备均看作完好装备。

(2) 装备的寿命分布和维修时间分布近似看作指数分布,装备的故障率和修复率视为已知。

这样可以将问题具体描述为:某种装备共 m 部,要求在执行任务时间 t 内装备的完好率不小于 η。已知该装备故障率为 λ,则装备系统故障率 $\lambda_s = m\lambda$,通常 λ_s 为常数。该装备故障后每台需 l 人维修,单台修复率为 μ,求解应配备多少维修人员可保证时间 t 内装备完好率能满足规定的要求。

上述问题在修复率 μ 较高,规定的装备完好率能达到时很容易解出。但是,如果修复率 μ 较低,不能保证及时修复,可采取下列措施:①增加人员,使单台依次修复变为 C 台并行修复,此时维修人员为 $C \cdot l$,问题的关键变为求解 C;②通过提供工作强度或改进维修技术提高修复率 μ。上述情况算法比较复杂,可利用计算机编程计算。

4)基于案例推理的维修保障人员预测方法[71]

该方法选取作战样式 f_1、参战兵力 f_2、作战效果 f_3、战役使用强度 f_4、战役出动量 f_5、作战持续时间 f_6、地理环境 f_7 等 7 个对维修保障人员需求预测结果影响较大的因素作为特征因素。在相似案例库中寻找相似案例,进而根据相似案例的人员需求结果确定新任务的维修保障人员需求。该方法的基本过程如图 5-2 所示。

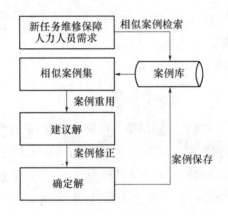

图 5-2 案例推理方法基本过程

步骤 1:分析新任务的特征因素,并对其进行标准化以便于案例的检索。

步骤 2:采用神经网络的方法在案例库中搜索相似案例。

步骤 3:对相似案例人员需求结果进行处理,确定新任务的人员需求。

5.2 基于相似理论的需求预测方法

基于相似理论的需求预测方法是借助可拓理论,对武器装备、装备作战/使用任务、装备保障系统等的相似性进行分析并进行定量化描述,进而根据以往任务的维修保障人员需求数据预测新任务维修保障人员需求的一种方法。

5.2.1　可拓理论与相似分析

可拓理论引入了把质与量有机结合起来的物元概念,建立了可拓集合,能根据事物关于特征的量值来判断事物对于集合的归属程度,是一种很好的描述事物量变和质变的工具[72,73]。物元[74]是由物 N、特征 c 及关于该特征的量值 v 组成的三元组,记为 $R = (N,c,v)$。

其中 c 只是特征的名称,它和 v 构成的二元组 $M = (c,v)$ 才是一般意义上的"特征",称为事物 N 的特征元。特征 c 的量值范围称为 c 的量域,记为 $V(c)$。量值可以是定量的,也可以是定性的,但必须经过量化变为数量量值,才能利用可拓集合在实数轴上研究事物与量值间的关系。如果 N 具有 m 个特征 c_i($i = 1,2,\cdots,m$),相应的量值分别为 v_i,并且 N 和 v_i 均是参数 t 的函数(t 并不只代表时间,泛指任意参数),R 称为多维参变量物元,可表示为

$$R(t) = \begin{pmatrix} N(t) & c_1 & v_1(t) \\ & c_2 & v_2(t) \\ & \vdots & \vdots \\ & c_m & v_m(t) \end{pmatrix} = (N(t),C,V(t))$$

对于给定的 N,它关于任意特征名都有对应的量值,并且在同一时刻是唯一的。当量值不存在时,用空量值 Φ 表示。如果 N 关于特征 c 的量值非空,c 称为 N 的非空特征。N 的一切非空特征所对应的物元称为物 N 的全征物元,记为 $cpR(N)$。全征物元 $cpR(N) = N$。

可拓理论以物元的可拓性来描述事物变化的可能性。物元的概念不仅反映了事物的质和量的关系,而且利用物元的可拓性进行物元间的变换,从事物向外、向内、平行、变通和组合分解的角度提供多条变换的可能路径,成为解决矛盾问题的依据[75,76]。以物元概念为基础的可拓集合,通过关联函数计算事物关于特征的量值,以此判断事物对于集合的归属程度,使经典集合中的"属于"和"不属于"的定性描述扩展为定量描述。对于某物元 R,给定一个特征 c_1,便存在一个建立在此特征之上的关联函数 $K_1(x)$,将 R 代入得到

关联函数值 $K_1(x_v)$，该值称为特征 c_1 上的关联函数值，记为 $K_{c_1}(x_v)$。正的关联函数值表示具有该特征的程度，负的表示不具有该特征的程度，$|K_{c_1}(x_v)|$ 越大，程度越高[77,78]。两个事物关于这些特征相似，关于另外一些特征可能就毫无可比性。

5.2.2　相似比较参数体系的建立

1. 武器系统相似的参数选取

装备基本作战单元是能够独立执行作战或训练任务的最小军事单位。装备基本作战单元武器系统的装备种类和数量一般有统一的标准，可认为一个装备基本作战单元的武器系统是标准配置，可用装备基本作战单元武器系统的种类和套数刻画。

武器系统的相似除了种类和数量属性外，还要考虑各个装备的结构、RMS属性。对于同类别同型号的武器系统来说，认为它们的装备的结构、RMS设计属性相同。但受服役时间、大修活动等影响，使用可靠度会发生不断变化[79]。

通过上述分析，选取武器系统的构成种类（同类别同型号的装备基本作战单元武器系统作为一类）、数量、平均故障间隔时间作为相似比较的参数，其中武器系统的数量在工作量调整时考虑。

2. 任务特征相似的参数选取与量化

任务的特征包含很多内容，例如，任务的层次、结构，执行地点的民情、社情，气候、地形、地貌，敌情、我情等，应从中选择与装备损坏关联密切的属性。影响装备使用损坏的主要有任务持续时间——任务开始到结束的日历时间；武器系统的使用强度——任务持续时间内平均行驶里程、飞行里程/时间、航行里程、弹药消耗量、连续开机时间等；物理环境——武器系统执行任务过程中的地形、地貌、气候、道路等自然环境条件。使用强度和环境参数应根据不同武器系统、不同任务的特点进行选取，例如，车辆的使用强度一般选择单位时间的行驶里程，物理环境以路况反映；电子装备可能以连续开机时间为使用强度，物理环境则主要考虑"温湿度"的影响。本书以受击损坏率为输入，暂不对其他相关问题展开研究。

　　使用强度和物理环境对使用损坏率的影响比较复杂：①损坏率与使用强度之间不是线性关系。例如，车辆装备，并非其行驶速度越快，损坏率就越高，可能存在一个最佳使用强度范围，在此范围外装备的损坏率才表现出明显的变化。②装备作战单元的武器系统构成多样，每类武器系统的任务不一致，导致使用强度的计量单位不统一。例如，一个防空旅的武器系统包含有高炮系统、导弹系统等，旅机动部署过程中可能某个营将承担火力防护任务。因此，旅在机动任务中，武器系统使用强度单位有的为 km/h，有的为发射弹数。为此对使用强度和物理环境进行综合分析，转化为无量纲的指标 α 因子。α 因子越高表示武器系统的使用强度和环境越易于导致使用损坏，在同样的任务持续时间内，造成的使用损坏修理工时也就越高。

　　每种武器系统的 α 因子按下述方法计算：①选取合适的参数表示武器系统的使用强度和物理环境；②对参数值的范围划分等级，并给出等级分值，表 5 - 1 中分为三个等级；③进行使用强度和物理环境等级组合；④按参数权重值和等级分值计算各种组合情况的综合分值（α 因子）。

表 5 - 1　导弹系统机动任务 α 因子的计算

			使用强度（权重值0.4）		
			低，1分	中，3分	高，5分
			机动强度(km/h)		
			[0，20]	[20，30]	[30，40]
	等级与分值	路况			
物理环境（权重值0.6）	好，1分	一、二级公路	①1分	②1.8分	③2.6分
	中，3分	三、四级公路	④2.2分	⑤3分	⑥3.8分
	差，5分	乡间公路	⑦3.4分	⑧4.2分	⑨5分

　　例如，导弹武器系统的拖车最高限速为 40km/h（武器系统作为一个整体，机动速度不会大于 40km/h）。机械维修车行驶速度：①一、二级公路：不大于 50km/h；②三、四级公路：不大于 30km/h；③乡间土路：不大于 20km/h。导弹运输装填车载弹车速：①地级路面：10～20 km/h；②次高级或中级路面：20～30km/h；③高级或次高级路面：40km/h。导弹运输装填车不载弹最高车速为 60km/h。参考这些性能参数，制定机动任务的使用强度和物理环境参数、等级、分值如表 5 - 1 所列，组合后有①～⑨共 9 种情况。

情况②的使用强度权重值为 0.4,等级分值为 3,物理环境权重值为 0.6,等级分值为 1,则 $\alpha = 0.4 \times 3 + 0.6 \times 1 = 1.8$。同法计算出其他 8 种情况的 α 因子。该导弹系统执行的每项任务以此对标准对机动任务的使用强度和物理环境进行判定,用于相似性的比较。

其他基本任务可以参考表 5 - 2,视情选择合适的因素制定评价标准,采用专家 0 - 1 打分法[80]、主观评定法[81]等得到数量化量值,按照上述方法计算 α 因子。

表 5 - 2 物理环境因素参考表

相关因素	描　　述
气候	温度、相对湿度、风速、空气或降水的腐蚀度、气压、降水量等
地理特征	地形地貌、承重力、静摩擦力、水系、海拔、植被、遮蔽程度等
人工地形特征	固定建筑物特点、移动障碍物特点

为了给后续工作提供方便,对各类特征评价标准的制定提出以下共同要求。

(1) 评价标准得到的特征值越高,对装备使用造成的不良影响越大,或产生的保障工作量越多。

(2) 按评价标准得到的特征值均大于 0。

在得到装备作战单元各类武器系统的 α 因子后,以武器系统承担任务的重要程度为权重值,或对各类武器系统的 α 因子取均值,可以计算出任意层次装备作战单元的 α 因子。

3. 装备保障系统相似的参数选取

两个任务系统的任务特征相似、所动用的武器系统特征相似,所需的人员也许大相径庭。这是因为在每一项维修保障活动中,维修保障条件、人员所受的环境压力、维修保障专业的设置等都存在着差异性。不仅如此,维修保障人员对维修任务的完成情况也可能有很大区别,例如,没有达到维修保障要求,或达到了但工作中经常出现人员闲置,造成资源的浪费等。常见的与维修保障系统相关的参数如表 5 - 3 所列。其中时间利用率指本阶段任务开始到下阶段任务开始的时段内,维修保障人员可用于工作的时间与总时间的比率,例如,昼夜工作 10h 的时间利用率为 10h/24h = 41%,一项 5h 的任务,维修保障人员的时间利用率 5h/5h =

100%。人员利用率是指单位工作时间内实际工作人数与在编人数之比;时间利用率是指任务持续时间内维修保障人员可工作时间的长短,人员利用率反映的是在可工作时段内人员闲忙程度。

以装备保障系统不发生重大变化为前提采用相似比较的方法,对于同类别同型号的武器系统而言可以认为装备物资保障系统相同。人员伤亡率在人员计算时考虑,时间利用率在确定有效工作时间时考虑,相似比较时仅选择人员利用率作为装备保障系统相似比较参数。

表 5 - 3　装备保障系统相似比较参数表

参数的类别与内容		衡量指标
人员的工作环境	温湿度、噪声、能见度等环境压力;安全威胁	任务中人的工作可靠度、人员的伤亡率
装备物资保障系统特征	保障平台容纳量;保障装备、设备技术水平、状态;大型保障装备、设备的配备;备件、器材供应满足率	规定条件下的平均修复时间
装备保障系统特征	装备保障力量的指挥、管理水平;保障力量的层次设置;保障群体专业设置与编组;人员技能与等级设置	时间利用率、人员利用率

满足武器系统特征、任务特征、装备保障系统三方面衡量条件相似的两个任务系统称为相似任务系统,具体参数如表 5 - 4 所列。通过建立任务系统的综合物元对其进行相似性的定性与定量描述。

表 5 - 4　相似比较参数体系表

类别	参数名称	说　明
武器系统相似参数	武器系统构成种类	同类别同型号装备基本作战单元武器系统,或主装备为同类别同型号的装备基本作战单元武器系统作为一个种类,例如,某型防地空导弹,某型高炮
	武器系统数量	每种装备基本作战单元武器系统的套数(构建相似任务系统时暂不考虑)
	MTBF	武器系统的平均故障间隔时间

（续）

类别	参数名称	说　明
任务特征相似参数	任务持续时间	任务或阶段任务从开始到结束的持续日历时间
	α 因子	综合反映武器系统使用强度和物理环境对使用损坏率的影响程度
	受击损坏率 β	武器系统执行任务过程中受敌火力、爆炸物、电磁干扰、核生化武器等攻击造成的损坏率
装备保障系统相似参数	人员利用率	单位工作时间内实际工作人数与在编人数之比
	人员伤亡率	构建相似任务系统时暂不考虑
	时间利用率	构建相似任务系统时暂不考虑

5.2.3　综合物元模型与相似性研究

1. 任务系统的综合物元

通过上述分析可以看出,利用相似任务系统的已知维修保障工作量数据推算新任务系统的工作量,必须从任务特征、武器系统和装备保障系统三方面进行相似比较。为此建立用于维修保障工作量分析的任务系统综合物元 $R(t)$,即

$$R(t) = \begin{pmatrix} N(t) \text{ 武器系统特征} & \text{武器系统特征值} \\ \text{任务特征} & \text{任务特征值} \\ \text{保障系统特征} & \text{保障系统特征值} \end{pmatrix}$$

一般地,装备作战单元的层次越高,任务越复杂,武器系统构成越复杂,特征描述越困难。通过对任务的分解可以实现对综合物元的简化处理和表述,便于利用关联函数对变换后的物元进行相似性定量描述,达到计算维修保障工作量的目的。

2. 任务的分解

1）基本任务

基本任务有两种常见的分解方式:横向按时序分解与纵向按装备作战单元层次分解。这两种方式往往混合使用,最终将一个顶层装备作战单元任务表示为底层装备作战单元的一系列子任务集。例如,将一个集团军的任务分解到师、旅级,则师、旅就是底层装备作战单元,分解到团、营甚至连级,则团、营、连

就是底层装备作战单元。判断是否要继续分解的标准是:该层装备作战单元能否从任务库中按照某种标准找到相似对象。例如,搜索到一个旅的任务系统符合相似条件,则分解停止,旅为底层装备作战单元,反之亦然。

每个装备作战单元任务按时间划分为一组顺序执行的阶段任务[82],该阶段任务称为基本任务。装备作战单元的层次不同,基本任务的内涵也不同。对于装备基本作战单元来说,基本任务是按照功能系统的最小配置来划分的;对于较高层次的装备作战单元来说,基本任务是按照装备作战单元的战斗、战役目标或其子目标来划分的。一般装备作战单元的层次越高,基本任务的划分越粗。例如,陆军某战役军团的任务分解为驻地任务准备、防御作战、反击作战三个阶段,构成其三项基本任务。

装备作战单元层次越低,武器系统构成相对越简单,装备作战单元任务的执行过程就存在越多的共性。例如,陆军以地面防空武器为主组成的装备作战单元有要地防空、野战防空等典型任务。每类典型任务通常都是,驻地准备、机动部署、实施武器系统的打击功能,然后再机动、再打击。所以基本任务是每次任务中可以反复出现、由装备作战单元独立执行的阶段任务。层次越低的装备作战单元,基本任务越容易固化,经过汇总可以得到一个基本任务库。若一项新任务中出现了新的基本任务,则对基本任务库进行补充。经过不断完善,装备作战单元所执行的各种任务都可以利用基本任务“拼组”,从而实现任务的模块化分解,如图 5-3 所示。

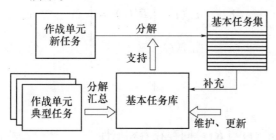

图 5-3　装备作战单元任务的模块化过程示意图

对装备作战单元的各项基本任务进行研究,不仅能达到装备作战单元任务自由分解的目的,而且也利于构建相似综合物元进行比较。

2) 任务系统分解为基本任务的方法

按时序将顶层装备作战单元任务分解为基本任务,每个基本任务可能有多个下级装备作战单元参与,每个装备作战单元可能在其上层装备作战单元的不同基本任务中分别承担了多项任务。将各装备作战单元受领的任务向下逐层分解,直到底层装备作战单元,如图5-4所示。

底层装备作战单元并非完全处于同一装备作战单元层次,如图5-4中某中间层装备作战单元的任务①、②、③均能找到相似任务系统,故到这一层分解终止,任务①、②、③为底层装备作战单元任务。而另外几项任务,如基本任务j_2需要继续分解直到装备基本作战单元层。通过这种方式,顶层装备作战单元每个基本任务最终分解、汇总为多个底层装备作战单元的任务集,底层装备作战单元每项任务还可分解为它的基本任务。

3. 综合物元相似的定义与性质

定义5-1 综合物元间的相似性:两任务系统综合物元存在某些共同特征,而在量值上存在差异,则综合物元间存在相似性。

设任务系统$A(t)$的综合物元$\boldsymbol{R}(t)$有k个受关注的特征,任务系统$A'(t)$的综合物元$\boldsymbol{R}'(t)$有n个受关注的特征,两物元的共同特征数为m个,物元可分别表示为

$$\boldsymbol{R}(t) = \begin{pmatrix} A(t) & c_1 & v_1(t) \\ & c_2 & v_2(t) \\ & \vdots & \vdots \\ & c_m & v_m(t) \\ & c_{m+1} & v_{m+1}(t) \\ & \vdots & \vdots \\ & c_k & v_k(t) \end{pmatrix}, \boldsymbol{R}'(t) = \begin{pmatrix} A'(t) & c_1 & v'_1(t) \\ & c_2 & v'_2(t) \\ & \vdots & \vdots \\ & c_m & v'_m(t) \\ & c'_{m+1} & v'_{m+1}(t) \\ & \vdots & \vdots \\ & c'_n & v'_n(t) \end{pmatrix}$$

若$m \neq 0$,则$\boldsymbol{R}'(t)$与$\boldsymbol{R}(t)$间存在着相似性。

物元间的相似性不仅取决于共同特征的数量,还与共同特征的量值间的差别有关。例如,甲与乙都具有身高和体重的特征,称甲与乙之间存在相似性。甲的身高1.95m、体重145kg,乙的身高1.10m、体重18kg,此时说甲与乙身高和体重相似,恐怕与生活常识不符。因此,必须对共同特征的量值作进一步限制,才可称为相似。

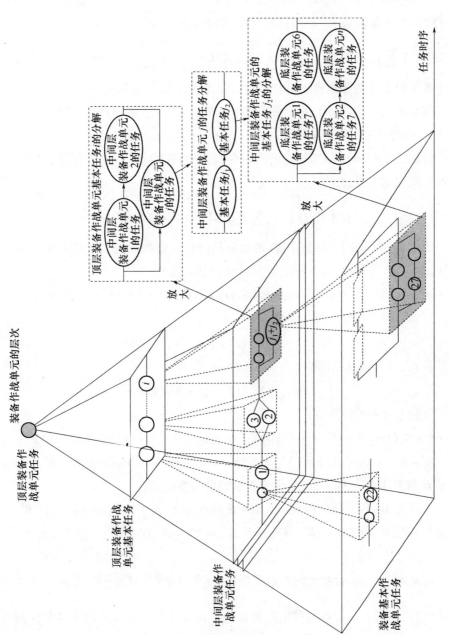

图5-4　装备作战单元任务分解示意图

物元间相似性的程度可用相似度衡量。若 $A'(t)$ 关于衡量条件 $M_i = (c_i, V_i(t))$ 存在关联函数 K_i，规范后的关联函数值为 $\overline{K}_i(i = 1, 2, \cdots, m)$，$\alpha_i$ 为 c_i 的权重值，且 $\sum_{i=1}^{m} \alpha_i = 1$，则 $C_A(A'(t)) = (m/k + n - m) \sum_{i=1}^{m} \overline{K}_i \alpha_i$ 称为 $A'(t)$ 与 $A(t)$ 关于该衡量条件的相似度。相似度越大，物元间相似性越高。

定义 5-2 任务系统综合物元相似：当相似度 $C_A(A'(t)) \geqslant 0$ 时，则 $A'(t)$ 与 $A(t)$ 的物元关于衡量条件 $M_i = (c_i, V_i(t))$ 相似。

特别地，当 $k = n = m$ 时，称为同征相似，记为 $\boldsymbol{R}'(t) \approx \boldsymbol{R}(t)$。同征相似物元是本书研究的重点，此时

$$C_A(A'(t)) = \sum_{i=1}^{m} \overline{K}_i \alpha_i \text{ 且 } C_A(A'(t)) \geqslant 0$$

性质 5-1 两个物元的组合物元与其同征相似物元的组合物元仍具有相似性。

证明：设 $R_1(t) = (N_1(t), c_1, c_1(N_1(t)))$，$R_2(t) = (N_2(t), c_2, c_2(N_2(t)))$。

若 $R'_1(t) \approx R_1(t)$，则

$$R'_1(t) = (N'_1(t), c_1, c_1(N'_1(t)))$$

若 $R'_2(t) \approx R_2(t)$，则

$$R'_2(t) = (N'_2(t), c_2, c_2(N'_2(t)))$$

由物元可积的定义，有

$$\boldsymbol{R} = R_1(t) \otimes R_2(t) = (N_1(t) \otimes N_2(t), c_1 \otimes c_2, c_1(N_1(t)) \otimes c_2(N_2(t)))$$

$$\boldsymbol{R}' = R'_1(t) \otimes R'_2(t) = (N'_1(t) \otimes N'_2(t), c_1 \otimes c_2, c_1(N'_1(t)) \otimes c_2(N'_2(t)))$$

可见 $\boldsymbol{R}$ 与 $\boldsymbol{R}'$ 具有相同特征，其中 $\otimes$ 表示组合关系。

由性质 5-1 可推广得到：若 $R_A = R_1 \otimes R_2 \otimes R_3 \otimes \cdots \otimes R_n (n \in N)$，且 $R'_1 \approx R_1, R'_2 \approx R_2, R'_3 \approx R_3, \cdots, R'_n \approx R_n$。令 $R'_A = R'_1 \otimes R'_2 \otimes R'_3 \otimes \cdots \otimes R'_n$，则 R_A 与 R_A' 具有相似性。

定义 5-3 综合物元的组合相似度：任务系统综合物元 R_A 是 n 个基本任务的综合物元，各基本任务权重值为 $\beta_i \left(\sum \beta_i = 1 \right)$。与这 n 个基本任务分别具有相似性的物元（它们间的相似度分别为 $C_i(i = 1, 2, \cdots, n)$）组合为综合物元 R'_A。如果这 n 个基本任务相互独立且 R_A 与 R'_A 组合的方式相同，则 R_A 与 R'_A 间

的相似度定义为

$$C = \sum_{i=1}^{n} \beta_i C_i$$

若 $C \geqslant 0$，称 R_A 与 R'_A 相似。可见，当 $\forall C_i \geqslant 0$，有 $C \geqslant 0$。按此定义，可有性质5-2。

性质 5-2　两任务系统综合物元的组合物元同征相似，则同种组合方式下综合物元相似。

由此性质可以将复杂的任务系统综合物元转换为多个易处理的物元的组合，利用特征值已知的同征相似物元推算其未知特征值。

令 c 表示装备保障工作量，$v_i(t)$ 表示量值（$i = A, 1, 2, \cdots, n$）。若

$$R_A(t) = R_1(t) \otimes R_2(t) \otimes \cdots \otimes R_n(t)$$
$$= (N_1(t), c, v_1(t)) \otimes (N_2(t), c, v_2(t)) \otimes \cdots \otimes (N_n(t), c, v_n(t))$$
$$= (N_1(t) \otimes N_2(t) \otimes \cdots \otimes N_n(t), c, v_1(t) \otimes v_2(t) \otimes \cdots \otimes v_n(t))$$
$$= (N_A, c, v_A(t))$$

则 $v_A(t) = v_1(t) \otimes v_2(t) \otimes \cdots \otimes v_n(t)$，它与 $\sum v_i(t)$（$i = 1, 2, \cdots, n$），存在以下三种可能关系。

（1）$v_A(t) > \sum v_i(t)$，表示各组合物元保障工作量之和大于 A 的工作量；

（2）$v_A(t) = \sum v_i(t)$，表示各组合物元保障工作量之和等于 A 的工作量；

（3）$v_A(t) < \sum v_i(t)$，表示各组合物元保障工作量之和小于 A 的工作量。

上述三种情况可归结为

$$v_A(t) = f\left(\sum v_i(t) \right)$$

推论 5-1　当各组合任务相互独立时，有

$$v_A(t) = \sum v_i(t)$$

若有 $R'_1(t) \approx R_1(t)$，$R'_2(t) \approx R_2(t)$，$\cdots$，$R'_n \approx R_n$，$v'_i(t)$ 表示同征相似综合物元的保障工作量量值，则有 $v_i(t) = f_i(v'_i(t))$，即

$$v_A(t) = f\left(\sum f_i(v'_i(t)) \right)$$

推论 5-2　当各组合任务相互独立时，有

$$v_A(t) = \sum f_i(v'_i(t)) = f'(\sum v'_i(t))$$

若已知 $R'_i(t)$ 的装备保障工作量,能推算出 $R_i(t)$ 的装备保障工作量,进而推算出 A 的装备保障工作量。工作量调整的幅度与物元间的相似程度和组合任务区分的清晰程度有关。

5.2.4 相似任务系统的构建

1. 构建步骤

以基本任务作为模块构建顶层装备作战单元的相似任务系统时,会有多种情况出现,为了便于说明构建过程,现定义如下:

(1) 新任务系统,装备作战单元将执行的任务。

(2) 原型任务系统,与新任务系统装备作战单元的武器系统构成种类相同的装备作战单元曾执行过的任务。

(3) 组合任务系统,来自不同原型任务的多项基本任务组合而成的任务。

以任意一层装备作战单元的一项任务为新任务系统,装备作战单位相似任务系统构建步骤如图 5-5 所示。

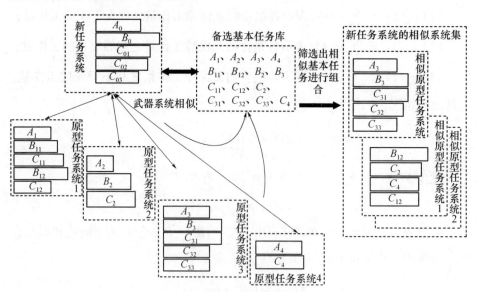

图 5-5　装备作战单元相似任务系统的构建步骤

（1）搜索原型任务系统,标准与新任务系统的武器系统构成种类相同。

（2）以原型任务系统的基本任务为备选对象,组成备选基本任务库。

（3）为新任务系统的每个基本任务利用综合评判的方法,从任务库中筛选符合相似条件的对象。若存在某个基本任务找不到相似对象,则对该基本任务按装备作战单元层次继续向下分解,以分配到下一层装备作战单元的一项任务为新任务系统重复上述步骤。如果直到装备基本作战单元层仍然存在没有相似对象的基本任务,那么就按照装备基本作战单元武器系统的 RMS 设计参数直接计算保障工作量。

（4）按新任务系统的基本任务序列组成相似任务系统。如果某个相似任务系统的基本任务序列与某个原型任务系统的完全相同,则这样的相似任务系统为相似原型任务系统,否则为相似组合任务系统。

2. 综合物元相似性综合评判

当新任务系统分解为多个基本任务后,其综合物元可以表示为基本任务综合物元的组合,问题转化为对基本任务综合物元进行相似性综合评判,求得其相似对象,即可获得新任务系统相似对象的综合物元,构建方法如图 5 – 6 所示。

其中,基本任务相似性综合评判过程为图 5 – 6 中（1）~（4）步,下面以导弹营在要地防空任务中的基本任务 k 为例说明计算过程。

1）确定衡量条件及权系数

取衡量条件集 $\boldsymbol{M} = \{$武器系统相似,任务特征相似,装备保障系统相似$\}$,设取得 $\boldsymbol{M} = \{M_1, M_2, \cdots, M_m\}$,其中 $M_l = (c_l, V_l)$ 为特征元（$l = 1, 2, \cdots, m$）。围绕新任务的基本任务特征值确定 V_l,以使得与其特征值越接近的备选基本任务,优度越高。对于非满足不可的条件,用 Λ 表示,其中 $\Lambda = \{$武器系统构成种类相同$\}$。其他条件则根据重要程度分别赋予 $[0,1]$ 之间的值,衡量条件权系数记为 $\boldsymbol{\theta} = (\theta_1, \theta_2, \cdots, \theta_m)$,其中,若 $\theta_{i_0} = \Lambda$,则 $\sum\limits_{\substack{i=1 \\ i \neq i_0}}^{m} \theta_i = 1$。

例 5 – 1　取 $\boldsymbol{M} = \{M_1, M_2, M_3, M_4, M_5\} = \{(1/\mathrm{MTBF}, 1/300\mathrm{km})($任务持续时间 $T = 5.5\mathrm{h}, \alpha$ 因子, $\alpha = 1.8$,受击损坏率 $\beta = 0.3$;人员利用率的倒数 $1/\mu = 1/0.8)\}$。参照 k 各参数的取值给出相似比较的可接受区间 $<a, b>$,如 $\alpha = 1.8$,可接受区间为 $[1, 2.2]$,有

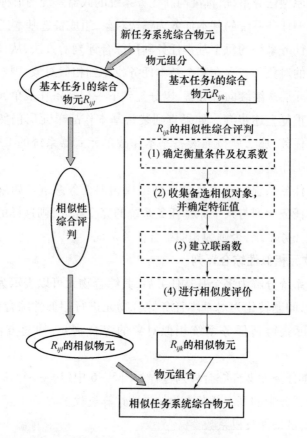

图 5-6 装备作战单元相似任务系统的构建方法

$$\boldsymbol{R}_k = \begin{pmatrix} k & \text{MTBF} & \left[\dfrac{1}{350},\dfrac{1}{250}\right) \\ & T & [5,8] \\ & \alpha & [1,2.2] \\ & \beta & [0,0.4] \\ & \mu & [1,1/0.7] \end{pmatrix}$$

这几个参数的权系数向量为 $\boldsymbol{\theta} = [\theta_1,\theta_2,\theta_3,\theta_4,\theta_5] = [0.15 \quad 0.1 \quad 0.25 \quad 0.3 \quad 0.2]$。

2）收集备选相似基本任务系统并确定特征值

收集满足条件 Λ 的原型任务的基本任务作为备选对象,组成备选相似基本任务集:

$$\widetilde{N}_k = \{\widetilde{N}_{k1}, \widetilde{N}_{k2}, \cdots, \widetilde{N}_{ks}, \cdots, \widetilde{N}_{kS}\}$$

式中:$s = 1, 2, \cdots, S, S$ 表示备选相似基本任务总数,给出它们的特征值,用于评判。

例 5 - 2　假设已经搜索到了四项原型任务的机动部署任务,组成备选相似基本任务集 $\boldsymbol{m} = \{m_1, m_2, m_3, m_4\}$,给出它们的特征值用于评判,即

$$\boldsymbol{V}' = \begin{bmatrix} \left(\dfrac{1}{350}, \dfrac{1}{250}\right) & [5,8] & [1,2.2] & [0,0.4] & \left(1,\dfrac{1}{0.7}\right) \\ 1/180 & 9 & 1 & 0 & 1/0.75 \\ 1/210 & 3 & 2.6 & 0 & 1/0.75 \\ 1/300 & 6 & 1.8 & 0 & 1/0.8 \\ 1/290 & 7 & 2.2 & 0 & 1/0.7 \end{bmatrix} \begin{matrix} k \\ m_1 \\ m_2 \\ m_3 \\ m_4 \end{matrix}$$

3) 建立关联函数

V_l 用区间 X_l 表示,取 $F_l(x) = \dfrac{\rho(x, X_k)}{|X_k|}$ 为关联函数($x \in \widetilde{N}_k$),根据问题的特点可以构造不同表达形式的关联函数。

例 5 - 3　建立如下关联函数使得与 k 的特征值 V_l 越接近的备选基本任务优度越高,即

$$F(x) = \begin{cases} \dfrac{x - a}{V_l - a} & x \leqslant V_l \\ \dfrac{b - x}{b - V_l} & x \geqslant V_l \end{cases} \tag{5 - 4}$$

4) 进行相似度评价

(1) 计算关联函数值。计算相似基本任务 $\widetilde{N}_{ks}$ 关于衡量条件的合格度,其中关于 M_l 的关联函数值记为 $F_l(\widetilde{N}_{ks})$,则 $\widetilde{N}_k$ 中各对象关于 M_l 的关联函数值向量为

$$\widetilde{\boldsymbol{F}}_l = [\widetilde{F}_l(\widetilde{N}_{k1}), \widetilde{F}_l(\widetilde{N}_{k2}), \cdots, \widetilde{F}_l(\widetilde{N}_{kS})]$$

例 5 - 4　利用关联函数式(5 - 4)求备选基本任务关于衡量条件的关联函数值 $f_{ls}(s = 1, 2, 3, 4)$,得到关联值矩阵为

$$\boldsymbol{F} = \begin{pmatrix} -2.286 & -1.143 & 1 & 0.857 \\ -0.4 & -4 & 0.8 & 0.4 \\ 0 & -1 & 1 & 0 \\ 0 & 0 & 0 & 0 \\ 0.536 & 0.536 & 1 & 0 \end{pmatrix}$$

（2）规范化关联函数值，计算公式为

$$f_{ls} = \begin{cases} \dfrac{F_l(\widetilde{N}_{ks})}{\max\limits_{x \in X_l} F_l(x)} & F_l(\widetilde{N}_{ks}) > 0 \\[4mm] \dfrac{F_l(\widetilde{N}_{ks})}{\max\limits_{x \notin X_l} |F_l(x)|} & F_l(\widetilde{N}_{ks}) < 0 \end{cases} \tag{5-5}$$

式中：$l = 1,2,\cdots,m$；$s = 1,2,\cdots,S$。

备选基本任务集中对象 $\widetilde{N}_{ks}$ 关于各衡量条件的规范化关联函数值为

$$\boldsymbol{F}(\widetilde{N}_{ks}) = \begin{bmatrix} f_{1s} & f_{2s} & \cdots & f_{ms} \end{bmatrix}^{\mathrm{T}}$$

例 5 - 5 按式（5 - 2）得到规范化关联函数值矩阵为

$$\overline{\boldsymbol{F}} = \begin{pmatrix} -1 & -0.5 & 1 & 0.857 \\ -0.1 & -1 & 1 & 0.5 \\ 0 & -1 & 1 & 0 \\ 0 & 0 & 0 & 0 \\ 0.536 & 0.536 & 1 & 0 \end{pmatrix}$$

（3）以规范化后的关联函数值为相似度，取各备选基本任务中相似度最大者为相似基本任务。基本任务 $\widetilde{N}_{ks}$ 的相似度为

$$C(\widetilde{N}_{ks}) = \theta, F(\widetilde{N}_{ks}) = \sum_{l=1}^{m} \theta_l f_{ls} \qquad s = 1,2,\cdots,S$$

可见 $C(\widetilde{N}_{ks}) \geqslant 0$ 的对象为基本任务 k 的相似对象。

例 5 - 6 令 $\boldsymbol{C} = \begin{bmatrix} C_{m_1} & C_{m_2} & C_{m_3} & C_{m_4} \end{bmatrix} = \begin{bmatrix} -0.053 & -0.218 & 0.55 & 0.179 \end{bmatrix}$，则 m_3 和 m_4 为相似基本任务，同样的方法可以得到其他基本任务的相

110

似对象。

5.2.5　基于相似对象的保障工作量计算

1. 相似对象的数据利用与分析

基于相似理论的研究,都会面临一个最根本的问题,即如何避免或降低相似对象自身缺陷对新事物的影响。相似任务中维修保障人员配置数量过高或过低,均对新任务系统人员需求预测产生的影响。为此应利用其装备损坏记录和修理记录推导、调整新任务系统的维修工作量,如图 5 - 7 所示。

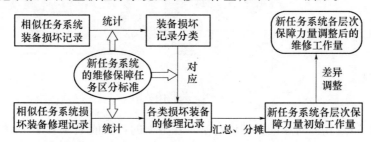

图 5 - 7　从相似任务确定新任务维修工作量示意图

（1）确立新任务系统维修保障任务区分标准,该标准应能使装备损坏等级与修理力量的层次对应起来。这个标准一般将任务的修理时限要求、装备损坏程度、修理层次的设置及其修理设施设备配备标准等几方面内容综合考虑予以制定。

（2）按照任务区分标准对相似任务系统执行过程中的装备损坏记录和修理记录进行分类,使损坏装备的修理记录与装备保障力量的层次形成对应关系。然后汇总各类修理记录,计算所得总修理工时即为新任务系统各层保障力量的初始工作量。

（3）根据相似任务系统与新任务系统之间的差异,对初始工作量进行调整,从而推算出新任务系统各层保障力量的维修工作量。

相似任务系统的数据对新任务系统人员需求的主要影响在于:①二者任务环境的差异导致的装备损坏量的不同;②相似任务系统的修理记录是维修人员闲置或工作过于繁重情况下的工时数,可能将导致该情况在新任务中延续。但是,可以通过合理设置时间利用率和人员利用率参数改善②的影响。下面主要针对装备损坏量的差异调整进行研究。

2. 差异分析与调整

1）关联函数与装备保障工作量

相似度只能反映基本任务与其备选相似对象的相似程度,还不能表明二者在维修保障工作量上存在何种关系,由式(5-1)建立的关联函数如图5-8所示,并有如下特点。

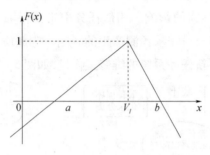

图5-8　关联函数图

（1）备选相似对象的特征值与基本任务 k 的特征值 V_l 越接近关联值越高,并且关联函数在 V_l 处取得最大值。

（2）$F(x) = \dfrac{x-a}{V_l-a}$ 的大小反映从 V_l 左侧接近 $F(V_l)$ 的程度;$F(x) = \dfrac{b-x}{b-V_l}$ 的大小反映从 V_l 右侧接近 $F(V_l)$ 的程度。

（3）按照特征值的给定标准,V_l 的右侧值对应的备选相似对象具有比基本任务 k 更高的保障工作量,而 V_l 的左侧值正好相反。

根据上述特点,通过对相似对象间关联函数值的分析可以确定它们的装备维修保障工作量的关系。

（1）确定相似对象关联值规范化矩阵。从关联值矩阵中划去不符合相似条件的对象,相似对象关联值矩阵 $\boldsymbol{F}' = (f_{lg})$ 为 $m \times G$ 矩阵,G 表示相似对象总数,按式(5-2)进行规范化后为 $\overline{\boldsymbol{F}'}$。

例 5-7 导弹营基本任务 k 的相似对象关联值矩阵为

$$\boldsymbol{F}' = \begin{pmatrix} 1 & 0.857 \\ 0.8 & 0.4 \\ 1 & 0 \\ 0 & 0 \\ 1 & 0 \end{pmatrix}$$

规范化后为

$$\overline{F}' = \begin{pmatrix} 1 & 0.857 \\ 1 & 0.5 \\ 1 & 0 \\ 0 & 0 \\ 1 & 0 \end{pmatrix}$$

（2）计算维修保障工作量指标 λ_g。当 $x \leqslant V_l$ 时，取 $\lambda_{lg} = |f_{lg}|$；当 $x > V_l$ 时，取 $\lambda_{lg} = -|f_{lg}|$，则每个相似对象的维修保障工作量指标为

$$\lambda_g = \sum_{l=1}^{m} \alpha_l \lambda_{lg}$$

分析图 5 - 8 发现，备选相似对象的特征值 x 从 V_l 左侧接近基本任务 k 时 $\lambda_g \geqslant 0$，并且 x 越大 λ_g 越大；从 V_l 右侧接近时 $\lambda_g \leqslant 0$，并且 x 越小 λ_g 越大。由于 λ_{lg} 是 x 规范化后 f_{lg} 的函数，因此 $\lambda_g \in [-1, 1]$。当备选相似对象与基本任务完全相同时 $\lambda_g = 1$，即所研究的基本任务的 $\lambda_g = 1$。λ_g 与 x 之间的关系如图 5 - 9 所示。一般地，相似对象的特征值大部分落入区间 $[a, b]$ 时才符合相似条件。

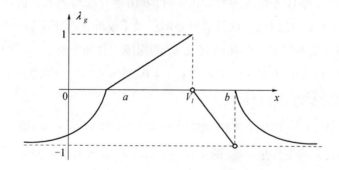

图 5 - 9　λ_g 与 x 间的关系

在不考虑武器系统数量对装备维修保障工作量的影响时，x 与装备维保障工作量呈正相关，可以通过计算 λ_g 分析基本任务与其相似对象之间装备维保障工作量的关系，如图 5 - 10 所示。实际情况与任务系统和武器系统，以及各衡量条件特征值的可接受范围均有关系，$[0, 1]$ 区间的曲线可能呈现图 5 - 10 中曲线 1、2、3 所示的多种不同情况，并且曲线可能不是完全光滑的。

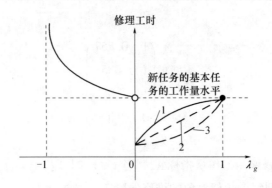

图 5 – 10　λ_g 与装备保障工作量间的关系

如果为某基本任务建立了多个相似对象,那么根据相似对象的 λ_g 和保障工作量数据可以比较准确地拟合二者间的关系,从而确定该基本任务($\lambda_g = 1$)的保障工作量。但是,如果只建立了一个相似对象,那么基本任务的工作量在不考虑武器系统数量影响的条件下采用下述方法粗略估算。

当 $\lambda_g < 0$,基本任务的工作量 = 相似基本任务的工作量 × $(1 + \lambda_g)$

当 $\lambda_g \geqslant 0$,基本任务的工作量 = 相似基本任务的工作量 × $(1 + (1 - \lambda_g))$

这也说明相似任务系统的数量较多时,采用本方法预测人员需求结果较准确,如果只有一个相似对象,预测结果必须经人工校准才可用于后续步骤。

例 5 – 8　基本任务 k 的相似对象 m_3 的保障工作量指标:

$$\lambda_1 = 0.15 \times (|1|) + 0.1 \times (|1|) + 0.25 \times (|1|) + 0.2 \times 1 = 0.5$$

m_4 的维修保障工作量指标:

$$\lambda_2 = 0.15 \times (-|0.857|) + 0.1 \times (|1|) = -0.229$$

基本任务 k 的工作量 = m_3 的工作量 × $(2 - \lambda_g)$ = 1.5 倍的 m_3 的工作量

　　　　　　　　= m_4 的工作量 × $(1 + \lambda_g)$ = m_4 的工作量的 0.771

结果分析:m_3、m_4 与 k 的相似度分别为 0.55 和 0.179,说明 m_3 比 m_4 与 k 更接近,λ_1 和 λ_2 的值表明 m_3 的工作量将小于 k,m_4 则大于 k。分析 m_3 的特征值会发现,它与 k 除了受击损坏特征外非常接近,二者工作量的差异主要在于受击损坏产生的工作量。

2)维修工作量差异调整系数的计算

两个装备基本作战单元武器系统若属同类别同型号或其主装备是同类别

同型号的,则视为一类武器系统。设底层装备作战单元某基本任务包含了 M 种武器系统(M 种装备基本作战单元),每种的数量为 $N_i(i=1,2,\cdots,M)$ 。找到 G 个相似对象,其中相似基本任务 g 的武器系统数量为 N_{ig} 。一类武器系统的全部维修专业作为一个维修专业群,一个群内每项维修专业的工作量调整系数相同。设武器系统 i 的维修专业群内维修专业 s 的工作量为 W_i^s ,相似基本任务 g 的相应维修专业的工作量为 W_{ig} 。为简便起见,将武器系统数量与维修工作量按线性关系处理,则 g 与该基本任务关于维修专业 s 的工作量调整系数为

$$
kw_{ig} = \begin{cases} (1+\lambda_g)\dfrac{N_{ig}}{N_i} & \lambda_g < 0,且相似对象小于4个 \\[3mm] (2-\lambda_g)\dfrac{N_{ig}}{N_i} & \lambda_g \geqslant 0,且相似对象小于4个 \\[3mm] f(\lambda_g)\dfrac{N_{ig}}{N_i} & 有多个相似对象 \end{cases} \qquad (5-6)
$$

式中: $f(\lambda_g)$ 为 λ_g 与工作量的拟合函数。

武器系统 i 执行该基本任务时维修专业 s 的工作量为

$$
W_i^s = \frac{1}{C}\sum_{g=1}^{G} kw_{ig} \cdot C_g \cdot W_{ig} \qquad (5-7)
$$

式中: $C = \displaystyle\sum_{g=1}^{G} C_g$, C_g 为该基本任务与相似对象 g 的相似度。

5.2.6　方法的实施

1. 实施过程

基于相似理论的人员需求确定方法就是要从已执行的任务中找到与未执行任务相似的对象,充分利用前者的装备维修保障工作量数据推算后者的装备维修保障工作量,从而确定关于装备维修保障人员的需求,总体过程如图 5-11所示,具体按如下步骤实施。

(1)收集装备作战单元的构成信息、所属武器的构成种类、数量和当前的可靠性状态,收集任务的执行信息,并根据装备保障初始部署方案明确各层次维修保障力量的任务区分。

(2)顶层装备作战单元任务分解为顶层装备作战单元基本任务,找到相似对象,则跳到步骤(7);否则继续下一步。

（3）装备作战单元任务按层次向下分解一层,若未到达装备基本作战单元层,为底层装备作战单元每项任务的各个基本任务构建相似对象,成功则跳到步骤(5);否则继续本步。若到达装备基本作战单元层,仍然找不到相似基本任务系统则继续下一步;否则跳到步骤(5)。

（4）为装备基本作战单元找不到相似对象的基本任务按文献[83]中的方法计算维修工作量,并分摊到各个维修专业,所有基本任务的工作量计算工作完成则跳到步骤(6);否则跳到步骤(3)。

（5）利用相似对象计算基本任务的维修工作量,所有基本任务的工作量计算工作完成则继续下一步;否则跳到步骤(3)。

（6）每项任务各基本任务的最大维修工作量为该项任务的维修工作量。

（7）汇总、计算出顶层装备作战单元每项基本任务的人员需求,顶层装备作战单元任务的总人员需求。

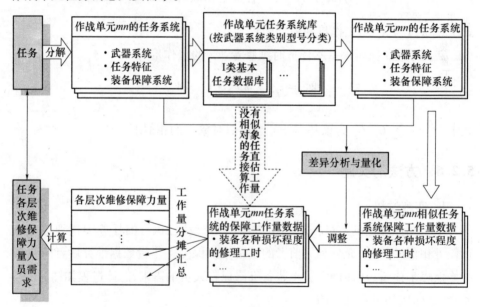

图 5-11　基于相似理论的维修保障人员需求确定总体过程图

2. 人员需求的计算

1）工作量的分摊与汇总

维修保障专业技术性强,任务执行过程中的维修力量一般尽量保持原建制,即使拆分建制单位,也要使拆分的部分能够独立组织和实施。因此,人员需求将对应维修力量层次按建制单位进行计算,如图 5 - 12 所示。

（1）按规定的维修任务区分标准将底层装备作战单元每项任务或基本任务各维修专业的工作量分摊到维修保障力量的各个层次,如图 5 - 13 中底层装备作战单元 B 的工作量按武器系统轻、中、重损程度将维修任务分摊到第 1、2、4 层的维修保障力量。

（2）各支维修保障分队按比例汇总其维修保障对象分摊到本层的工作量,如图 5 - 12 中维修保障分队 1 的维修保障对象为底层装备作战单元 A、B,并规定其负责底层装备作战单元 A、B 的 70% 中损工作量,计算出维修保障分队 1 的工作量;维修保障分队 2 负责底层装备作战单元 A 的 30% 中损工作量,相应计算出维修保障分队 2 的工作量。

（3）按技术军官和修理工工作量分摊的经验值,将各支维修保障分队的工作量分摊到这两个等级。

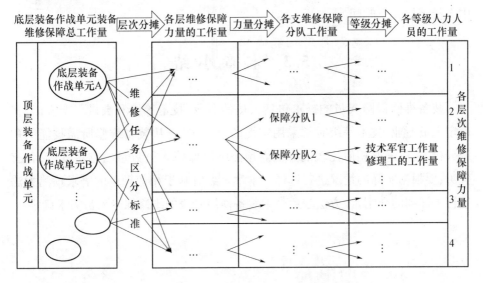

图 5 - 12　装备作战单元维修工作量的计算

2）计算任务人员需求

对于某支维修保障力量按下式计算任务人员需求,即

$$M_{ij} = \frac{W_{ij}}{A_t \cdot (1 - l)} \qquad (5 - 8)$$

式中: $i = 1, 2, \cdots, m$ 表示专业种类; $j = 1, 2, \cdots, n$ 表示人员等级; M_{ij} 为该维修保障力量完成保障任务对第 i 专业 j 等级的任务人员需求; W_{ij} 为维修保障力量第 i 专业 j 等级的维修工作量; A_t 为维修保障力量的有效修理时间; l 为维修保障力量的人员伤亡率。

有效修理时间指修理人员可用于本项任务的修理时间,计算公式为

$$A_t = (t_{a,i+1} - t_{ai}) \cdot L_t \qquad (5-9)$$

式中: L_t 为该维修保障力量的时间利用率; t_{ai}、$t_{a,i+1}$ 分别为本阶段和下阶段基本任务的开始时间。

3) 计算基本人员需求

基本人员需求计算公式为

$$X_{ij} = \left(1 - \frac{\overline{T}_{\mathrm{man}}^0}{\overline{T}_{\mathrm{man}}}\right) M_{ij} \qquad (5-10)$$

式中: X_{ij} 为基本人员需求; $\overline{T}_{\mathrm{man}}^0$ 为任务允许的最长平均人员延误时间; $\overline{T}_{\mathrm{man}}$ 为任务中人员平均补充时间。

5.3 本章小结

装备维修保障人员的需求包括人员的专业、技术等级和数量三个方面,在确定人员专业、技术等级时常采用定性的分析方法;从装备维修所需技能的角度分析,也可采取相似比较的方法。预测维修保障人员数量的方法众多,各有优劣,要根据实际的情况进行选择。本章重点对基于相似理论的需求预测方法进行了详细的介绍,该方法较适合于装备使用阶段的维修保障人员需求确定。

参 考 文 献

［1］Janne Huiskonen. Maintenance Spare Parts Logistics：Special Characteristics and Strategic Choices ［J］. Int. J. Production Economics,2001, 71(3):125 – 133.

［2］Gajpal P P,Ganesh L S,Rajendran C. Criticality analysis of spare parts using the analytic hierarchy process ［J］. International Journal of Production Economics,1994(35):293 – 297.

［3］Gajpal P,Ganesh L,Rajendran C,Criticality analysis of spare parts using the analytic hierarchy process［J］. International Journal of Production Economics,1994(35):293 – 298.

［4］Carpentienri M,Guglielmini A N J,Mangione F. A life cycle cost framework for the management of spare parts［C］//14th CIRP International Conference on Life Cycle Engineering,2007.

［5］IAEA(International Atomic Energy Agency)(2001),"Reliability Assurance Programme Guidebook for Advanced Light Water Reactors"［R］,IAEA – TECDOC – 1264,Vienna,Austria.

［6］Douglas Orsburn K. 备件管理［M］. 贺步杰,等译. 北京:蓝天出版社,2005.

［7］Jones James V. Integrated Logistics Support Handbook［M］. Third Edition. McGraw Hill Publishing,2001.

［8］William A A,Jr Riess J A. A Dyanmic Model for the Initial Spares Support List Development Process［R］. A896270,Jun. 1979:167.

［9］Provisioning Techniques,TM – 38 – 750 – 5,1971.

［10］Maintenance Replacement factors. AD – A 006607. 1971.

［11］单志伟,刘福胜. 备品备件需求确定方法研究［J］. 装甲兵工程学院学报,2005,19(3):1 – 4.

［12］石春和,崔佩璋. 电子装备随机备件品种和数量计算方法［J］. 军械工程学院学报,2000,12(2): 5 – 8.

［13］高雪莉,崔利荣. 单元重要度在可靠性工程中的应用［J］,国防技术基础,2005,12:1 – 4.

［14］赵建民,新装备备件消耗标准制定及软件系统［J］,系统工程与电子技术,2001,23(5):33 – 35,83.

［15］孙立军,花兴来,张衡. 用价值工程理论确定雷达备件品种［J］. 空军雷达学院学报,2004,18(4): 71 – 73.

［16］黄建新,杨建军,张志峰. 基于不完备信息的粗糙集确定备件品种［J］. 装备指挥技术学院学报, 2005, 16(3):44 – 46.

［17］马力,陈东林. 模糊综合评判理论在备件供应保障中的应用［J］. 航空计算技术,2004,34(2):19 – 21,24.

［18］丛浩达. 运用价值工程方法进行备件品种选择决策［J］. 农业与技术,2003,23(5):37 – 42,49.

[19] 葛涛,齐艳平,高鲁. 基于模糊综合评判的备件品种量化方法[J]. 系统仿真学报,2001,13:301 – 302,309.

[20] 崔南方,罗雪. 维修备件基于 AHP 的 ABC 分类模型[J]. 工程工程与管理,2004,6: 33 – 36.

[21] 李金国,丁红兵. 备件需求量计算模型分析[J]. 电子产品可靠性与环境试验,2000,3:11 – 14.

[22] 易发. 两级维修系统备件库存量的最优化模型研究[J]. 军事运筹与系统工程,2006(4):2 – 7.

[23] 赵宇,伏洪勇,张坚,等. 航空电子设备备件需求量分析[J]. 系统工程与电子技术,2002,24(3): 1 – 3.

[24] 刘照青,刘洋,王端民. 基于使用可用度的航材备件预测模型及需求分析[J]. 航空计算技术,2007, 37(5):38 – 41.

[25] 李武胜. 备件需求预测技术综述[J]. 物流技术,2007,26(8):30 – 33.

[26] 曲立,张群. 备件库存管理综述[J]. 实验室研究与探索,2006,25(7):875 – 880.

[27] 周林,娄寿春,赵杰. 基于遗传算法的地空导弹装备备件优化模型[J]. 系统工程与电子技术,2001, 23(2):31 – 33.

[28] 原中石. 民用飞机备件需求量预测方法研究[J]. 航空工程与维修,2002,47 – 49.

[29] 尚柏林,张恒喜. 航空备件可拓聚类分析[J]. 数学的实践与认识,2002,32(2):258 – 263.

[30] 吴坤山,欧阳良裕. 退化性产品在斜坡型需求率的存货模式[J]. Proc. Natl. Sci. Counc. ROC(A), 2000,24(4):279 – 286.

[31] Blanchard Benjamin S. Logistics Engineering and Management,Sixth Edition [M]. Pearson Prentice Hall, 1987.

[32] Benjamin S. Blanchard. Logistics Engineering and Management,Sixth Edition [M]. Pearson Prentice Hall,1987.

[33] Alfredsson,P. Optimization of multi – echelon repairable item inventory systems with simultaneous location of repair facilities [J]. European Journal of Operational Research,1997(99):584 – 595.

[34] Diaz A,Fu M C. Models for multi – echelon repairable item inventory systems with limited repair capacity [J]. European Journal of Operational Research,1997,97:480 – 492.

[35] Dyer M E,Proll L G. On the Validity of Marginal Analysis for Allocating Servers in M/M/c Queues[J]. Management Science,1977,23(9):1019 – 1022.

[36] Rolfe A J,A Note on Marginal Allocation in Multiple – Server Service Systems[J]. Management Science, 1971,17(9):656 – 658.

[37] Rothkopf M H,Oren S S. A closure approximation for the nonstationary M/M/s queue[J],Management Science,1979,25(6):522 – 534.

[38] 吴进煌,宋贵宝,戴宇进. 导弹保障装备需求确定方法研究[J]. 海军航空工程学院学报,2004,19 (6):653 – 656.

[39] 郭红芬,刘福盛. 利用排队模型优化保障设备数量[J]. 装甲兵工程学院,2005,19(1):29 – 31.

[40] Gass S I. The Army manpower long – range planning system[J]. Operations Research,1988,36: 5 – 17.

［41］ Wade S Yamada. Infinite Horizon Army Manpower Planning Model［D］. 北京:中国科学技术信息研究所, 2000.

［42］ Information Extraction and Transport Inc east Setauket ny. Multi – variate Manpower,Personnel and Train-ing (MPT) Modeling and Management System(AD – A365630)［R］. http://handle. dtic. mil/100. 2/ADA365630,1999.

［43］ Charles C. O. Iwunor. Forecasts of the Grade Sizes in a Markovian Manpower Model in Continuous Time［J］. Discovery and Innovation,2004,16:37 – 40.

［44］ Gaudiano Paolo,Bonabeau Eric,Bandte Oliver. Agent – Based Modeling as a Tool for Manpower and Per-sonnel Management(AD – A465091)［R］. 北京:中国国家信息文献中心,2005.

［45］ Feiring Douglas I. Forecasting Marine Corps Enlisted Manpower Inventory Levels With Univariate Time Se-ries Models(AD – A445420)［R］. 石家庄:军械工程学院,2006.

［46］ Geerlings W,Verbraeck A,De Groot R,et al. Manpower forecasting:A discrete – event object – oriented simulation approach . Proceedings of the Hawaii International Conference on System Sciences,2001:63.

［47］ 马绍民,等. 综合保障工程［M］. 北京:国防工业出版社,1995.

［48］ 吴科,王玉泉,李琪. 装备维修人员专业、技术等级与数量确定方法研究［A］. 应用高新技术提高维修保障能力会议论文集［C］. 北京:军事科学出版社,2005:1083 – 1086.

［49］ 仇莉娜,曹亚克. 人力资源需求预测方法探讨［J］. 商业研究,2005(4): 39 – 41.

［50］ 孙立新,邹非. 论有效的人力资源预测方法［J］. 经济与管理,2003(4): 54 – 55.

［51］ 荆海英,杨兆宇. 人力资源规划的动态预测方案［J］. 预测,2001(2): 23 – 25.

［52］ 王勇,张蕾,常陆军,等. 人力资源预测定量分析方法探讨［J］. 郑州工业大学学报,1999,20(4): 68 – 70.

［53］ 郭建花,席彪,等. 加权平均组合预测模型在河北省卫生人力资源预测中的应用［J］. 中国卫生人才,2002(12):36 – 37.

［54］ 陈欣,毕光忠. 天津市卫生人力资源预测［J］,天津医科大学学报,2000,6（3）: 284 – 288.

［55］ 周达生,崔岩.铁路系统卫生人力资源预测研究——灰色系统模型的应用［J］. 南京铁道医学院学报,1995,14（4）:209 – 212.

［56］ 严云良,周文俊,二元线性回归法在卫生人力资源预测中的应用［J］,中国卫生经济,1999,18(8):16 – 18.

［57］ 王文富. 企业人力资源预测与规划研究［D］. 天津:天津大学,2004.

［58］ 朱文浩. 论联合作战装备保障体制［D］.石家庄:军械工程学院,2004.

［59］ 刘文武. 基于本体论的装备保障系统建模研究［D］.石家庄:军械工程学院,2011.

［60］ 《可靠性维修性保障性术语集》编写组编. 可靠性维修性保障性术语集［M］. 北京:国防工业出版社,2002.

［61］ 曹晋华,程侃. 可靠性数学引论［M］(修订版). 北京:高等教育出版社,2006.

［62］ Muchstadt J A. A Model for a Multi – Item,Multi – Echelon,Multi – Indenture Inventory System［J］. Management

Science,1973,20:472 - 481.

[63] Graves S C, A Multi - Echelon Inventory Model for a Repairable Item with One - for - one Replenishment [J]. Management Science,1985,31:1247 - 1256.

[64] Sherbrooke C C. VARI - METRIC: Improved Approximation for Multi - Indenture, Multi - Echelon Availability Models[J]. Operations Research,1986,34:311 - 319.

[65] Systecon A B. OPUS10 User's Reference,Stockholm [Z],2004.

[66] Drenick R F. The Failure Law of Complex Equipment[J]. Journal of the Society for Industrial and Applied Mathematical,1960,18:680 - 690.

[67] Alfredsson P,Waak O. Constant Failure Rate: Some Misconceptions with respect to Practical Applications [A]. Systecon Publications,Sweden,2001.

[68] 聂盼红. 串联开排队网络系统分析[D]. 南京:南京理工大学,2004.

[69] 潘泉,黄善辉. 用维修单元法计算战时修理工时[J]. 军械维修工程研究,2005(2):1 - 4.

[70] 野占武. 军械装备维修保障单元设计化组配模式研究[D]. 石家庄:军械工程学院,2005.

[71] 马曲丽,刘怡,朱建冲. 基于案例推理的装备保障人员需求预测[J]. 海军工程大学学报,2013. 25 (5):74 - 78.

[72] 田双亮. 基于满意关联度的人力资源管理的可拓方法[J]. 数学的实践与认识,2003,33(10): 44 - 48.

[73] 杨春燕. 可拓学的重要科学问题及其关键点[J]. 哈尔滨工业大学学报,2006,38(7):1081 - 1111.

[74] 蔡文,杨春燕,林伟初. 可拓工程方法[M]. 北京:科学出版社,1997.

[75] 蔡文. 物元模型及其应用[M]. 北京:科学技术文献出版社,1994.

[76] 杨春燕,蔡文. 可拓工程研究[J]. 中国工程科学,2000,12.2 (12):90 - 96.

[77] 陈巨龙,孙波,丛林. 可拓预测方法[J]. 数学的实践与认识,2005,35(9): 109 - 112.

[78] Yang Chunyan,Zhang Yongjun,Cai Wen. Study on Extension Set and Its Applications [J]. Mathematics in Practice and Theory. March,2002,32(2):301 - 308.

[79] 张会奇,陈春良,高连华. 维修性对装备维修工作量的影响分析[J]. 装甲兵工程学院学报. 2005, 19(2):31 - 34.

[80] 李习彬. 系统工程——理论、思想、程序与方法[M]. 石家庄:河北教育出版社,1991.

[81] Li Hongxing ,Wang Qun,Duan Qinzhi,等. The Fuzzy Math Method and the Application for Engineering [I]. Tianjin: Tianjin science and technique publishing company,1993:321 - 324.

[82] Sheehan Jack H. Deitz Paul H,Bruce A. Harris,etc. The Nexus Of Military Missions And Means(TR - 737)[R],2004.

[83] 赵武奎. 装备保障学[M]. 北京:解放军出版社,2003.

内 容 简 介

  装备作战单元维修保障资源预测是装备保障方案制定的重要环节,是实现武器装备"保障有力"的重要保证。本书系统地介绍了维修保障资源的预测方法,内容涉及维修保障资源的基本概念、需求预测问题论域及影响因素、装备维修备件需求预测技术、装备维修保障设备/工具需求预测技术、装备维修保障人员需求预测技术等。

  本书既可作为从事装备维修保障资源预测的研究人员与工程实践人员提供进一步深入研究的基础资料,也可作为装备保障工程领域的研究生学习装备维修保障资源需求预测方法的教材。